MW01714634

QUELLE INTELLIGENCE ÊTES-VOUS ?

hachette
PRATIQUE

Édition originale publiée au Royaume-Uni en 2009, par Arcturus Publishing Limited
26/27 Bickels Yard, 151-153 Bermondsey Street,
London SE1 3HA

Édition française

Couverture : Nicole Dassonville et Salah Kherbouche
Mise en page : Facompo
Correction : Vincent Rouquès
L'éditeur remercie Marie Morel pour son aide précieuse.

Sommaire

Introduction

Notre cerveau se compose de deux hémisphères symétriques, un droit et un gauche. L'hémisphère gauche du cerveau est associé à la logique, au langage et à la pensée analytique, tandis que l'hémisphère droit est lié à la créativité, à l'intuitif, à l'esprit de synthèse. Chacun d'entre nous a une propension à privilégier l'un des deux hémisphères. C'est la raison pour laquelle nous développons certaines compétences et que nous avons un goût prononcé pour des activités plutôt que pour d'autres.

En réalisant les exercices proposés dans cet ouvrage vous travaillerez avec l'un ou l'autre hémisphère. Il n'y a pas de temps imparti pour les accomplir, mais vous pouvez jouer à plusieurs et comparer vos résultats. Certains jeux n'ont pas de solutions (« Dessins en miroir » et « Mémorisez ») dans la mesure où il s'agit d'exercer votre créativité ou votre mémoire.

Hémisphère droit
Dessins en miroir

Recopier un dessin fait travailler l'hémisphère droit du cerveau et exige une bonne coordination entre le regard et le geste. L'exercice est encore plus pertinent quand il s'agit de dessiner en miroir.

Aucune solution n'est proposée, car vous seul pouvez juger de la précision de votre dessin.

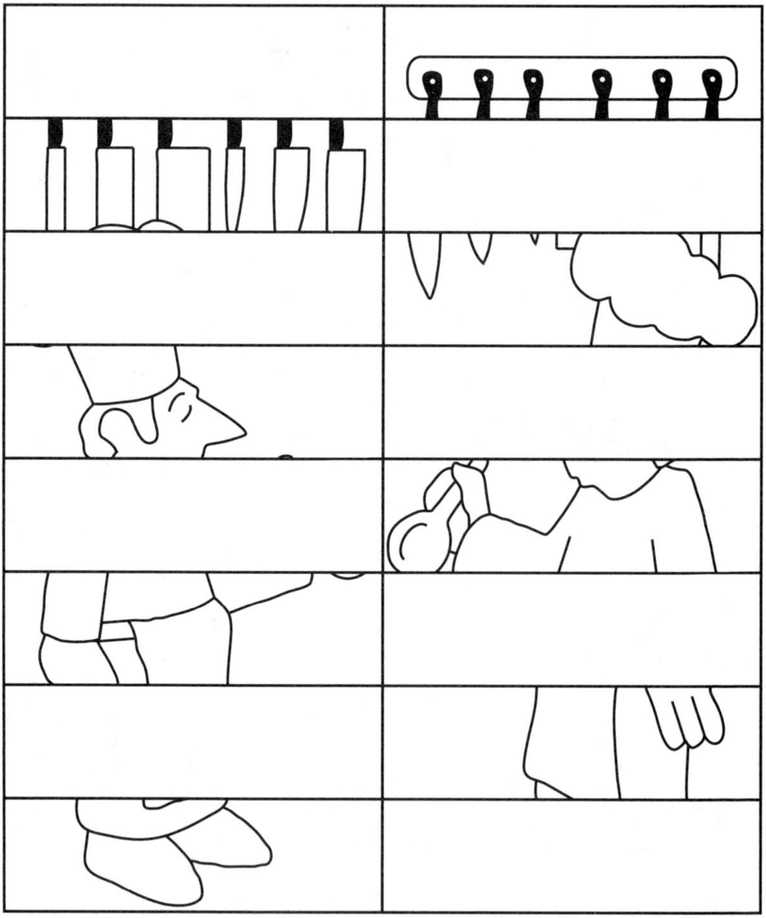

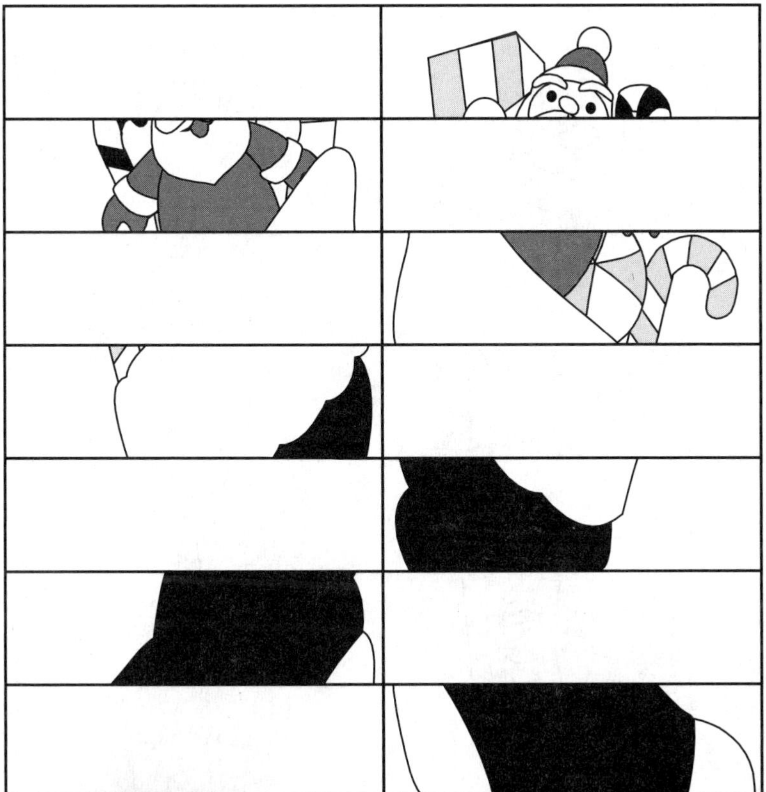

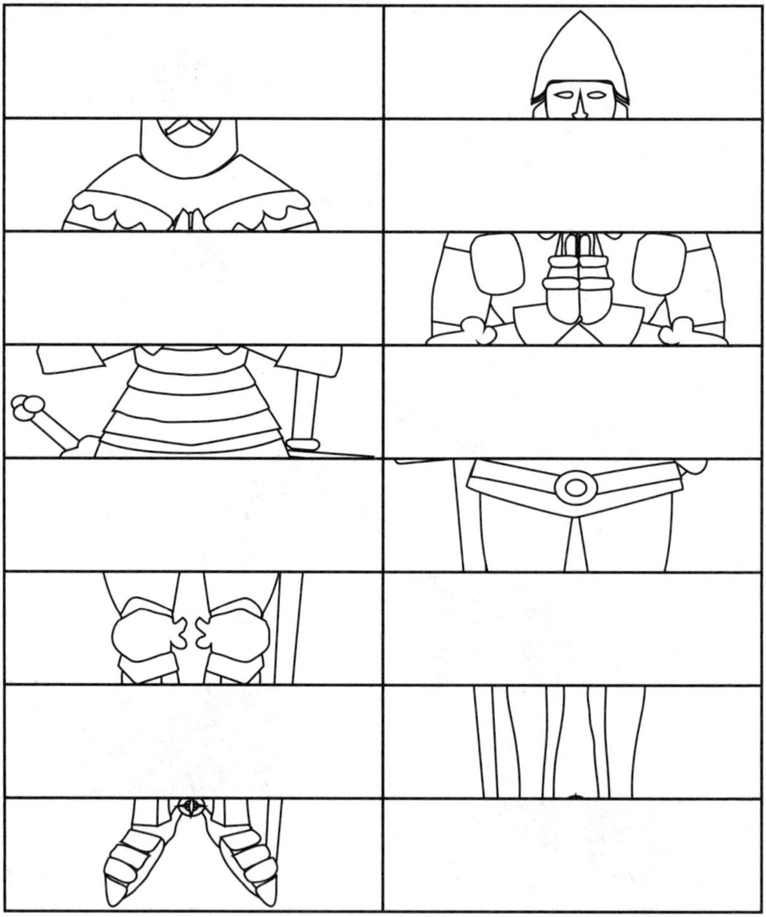

Hémisphère droit

Suites logiques 1

Trouvez le dessin manquant en respectant la logique de la séquence.

Solutions p. 114

Exemple

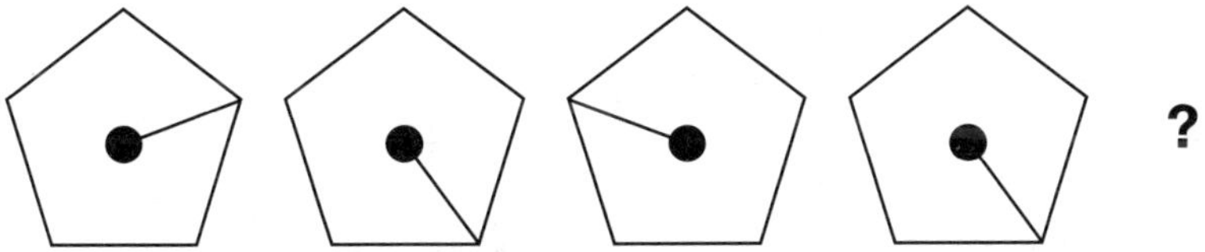

Devinez la suite…

A

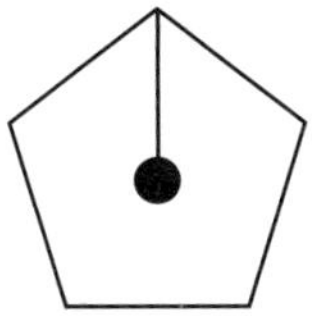

B

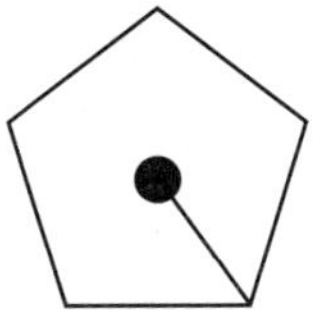

C

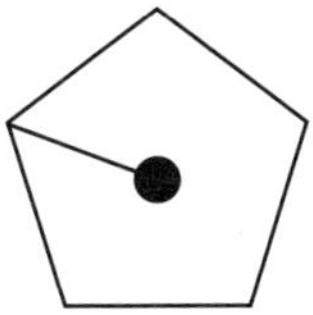

D

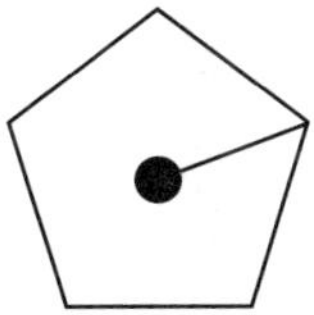

E

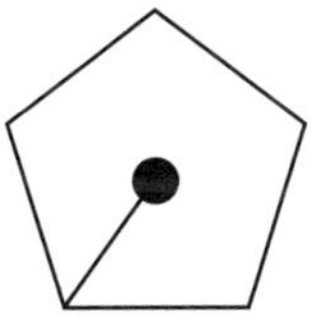

Solution

D – La ligne se déplace dans le sens des aiguilles d'une montre, d'un cinquième de cadran, puis de deux cinquièmes, de trois et enfin de quatre.

1

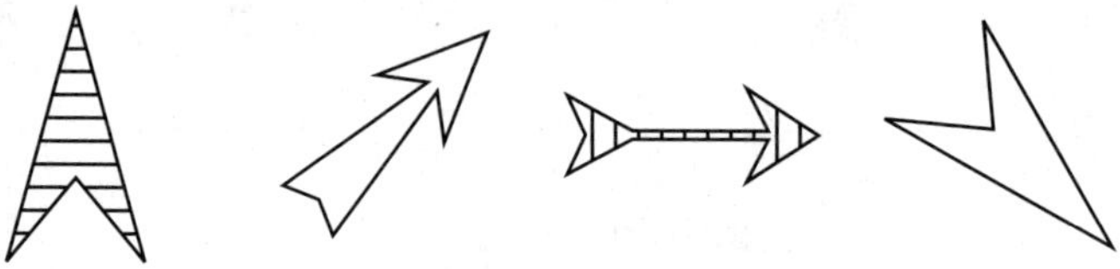

?

Devinez la suite…

A

B

C

D

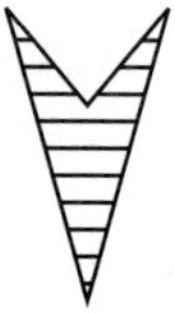

E

F

G

2

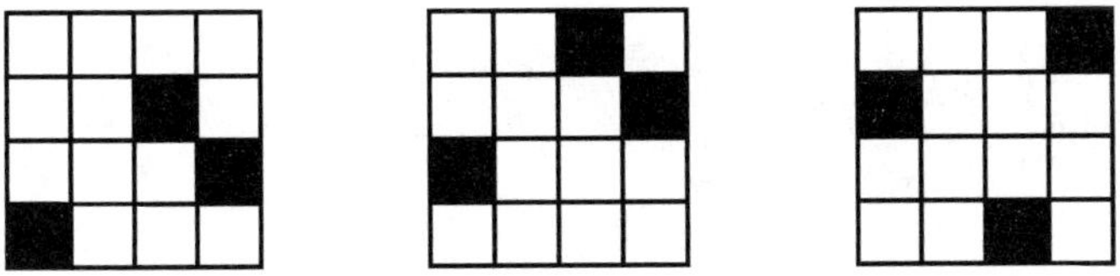

?

Devinez la suite...

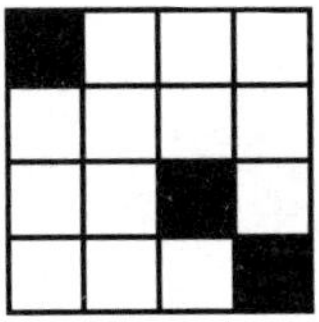

A

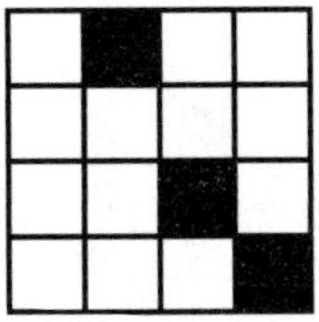

B

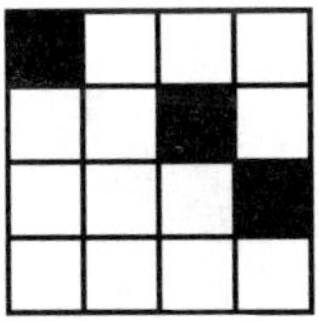

C

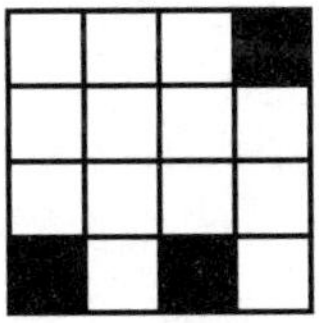

D

3

Dessinez le cercle manquant.

4

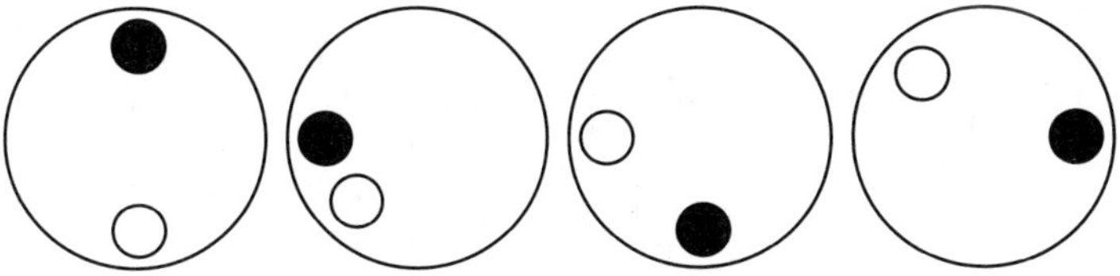 ?

Devinez la suite...

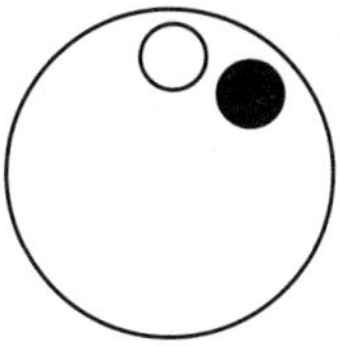

A

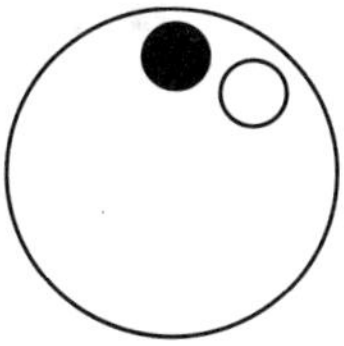

B

C

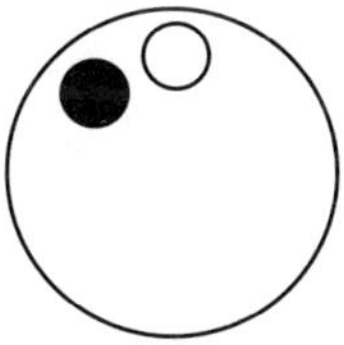

D

5

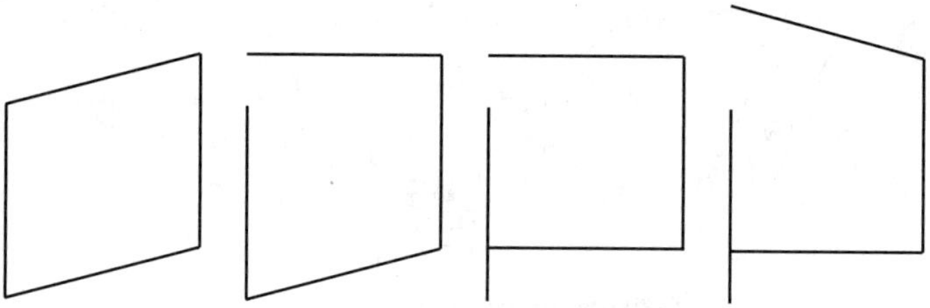

?

Devinez la suite…

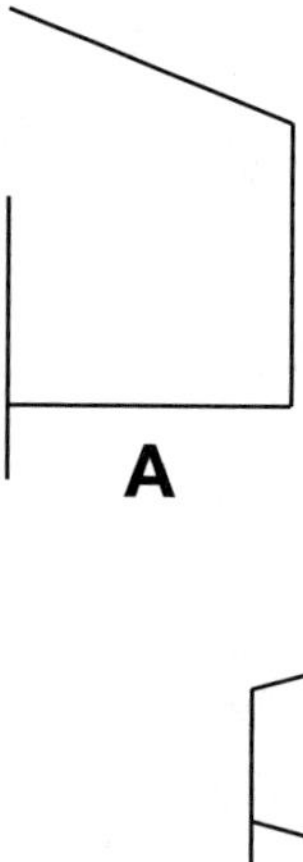

A

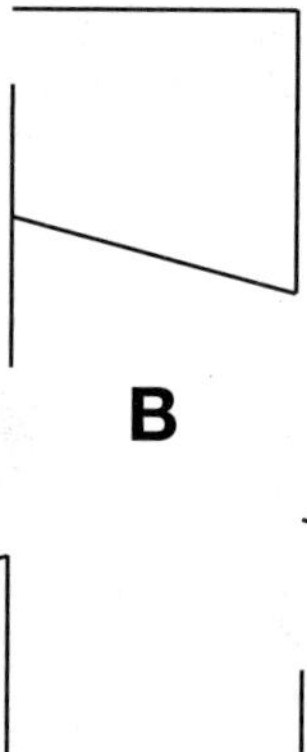

B

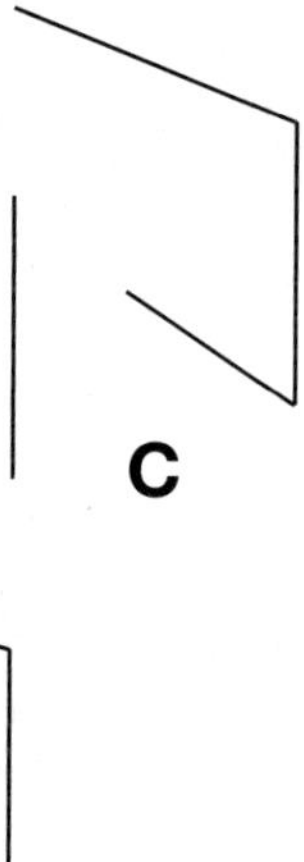

C

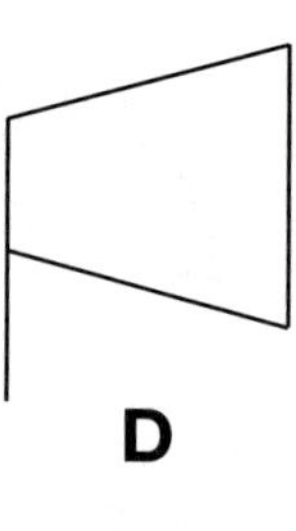

D

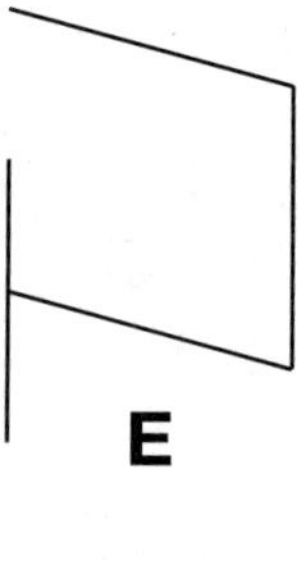

E

6

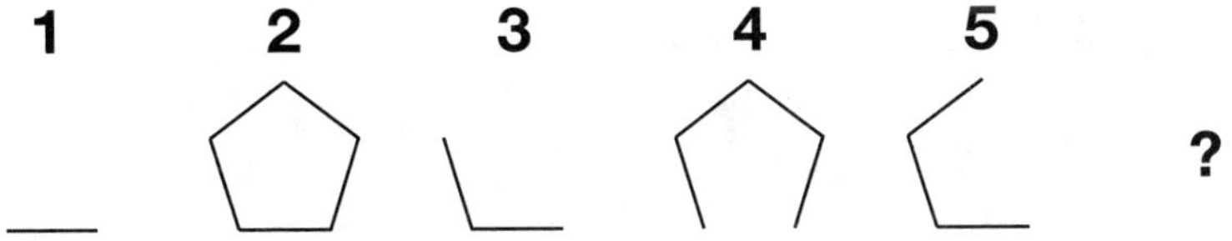

Devinez la suite...

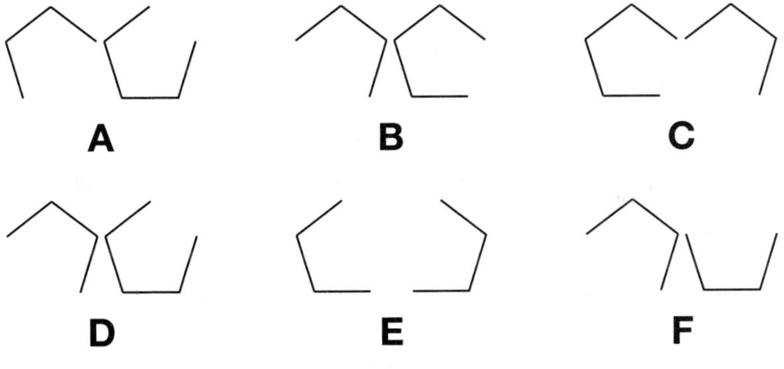

7

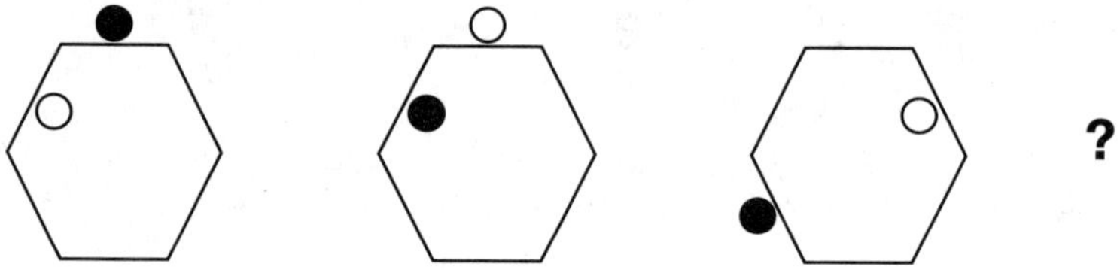

Devinez la suite...

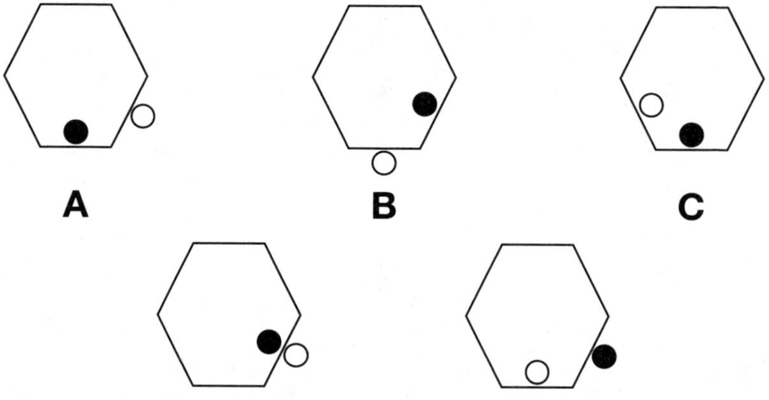

8

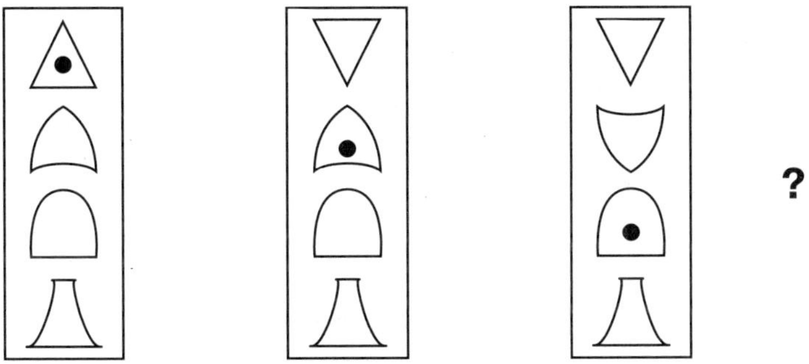

Devinez la suite...

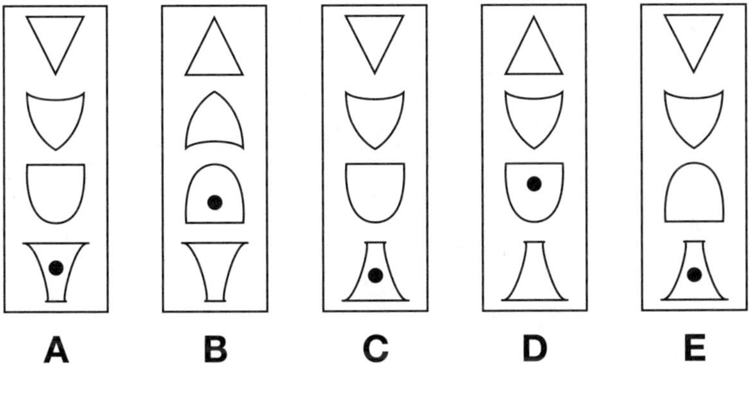

9

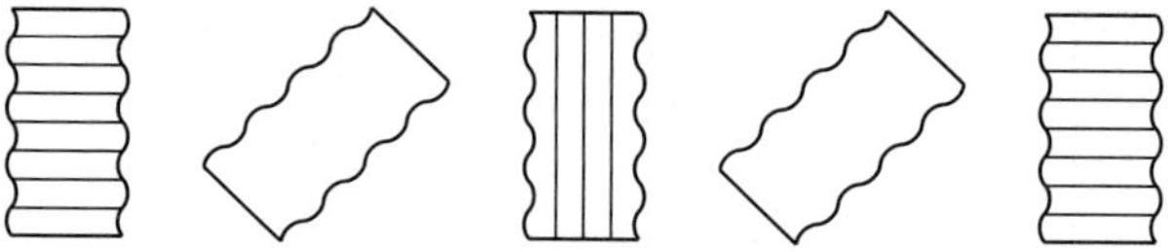

?

Devinez la suite...

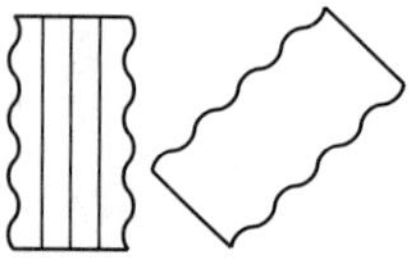

A

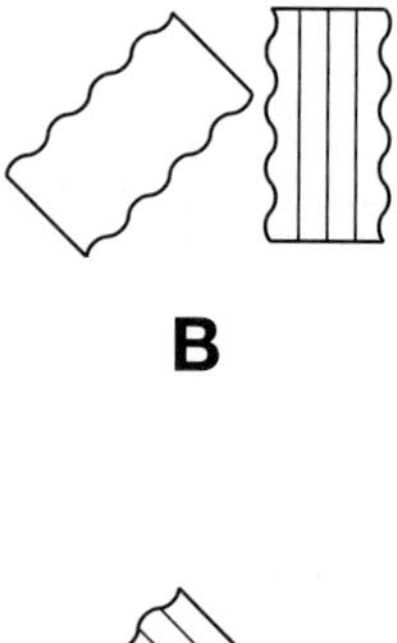

B

C

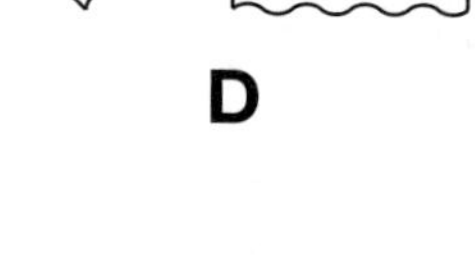

D

E

F

10

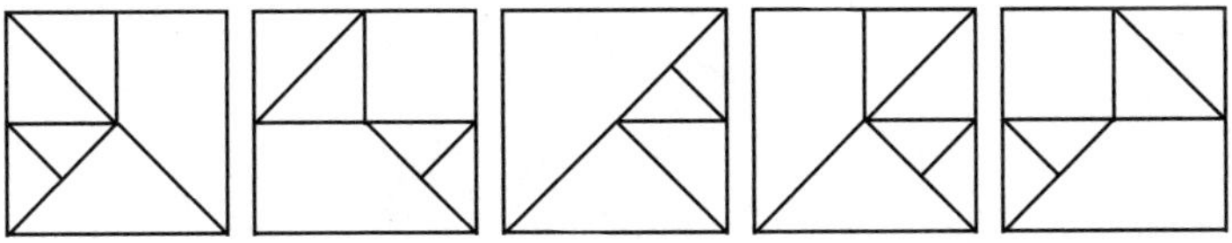

?

Devinez la suite...

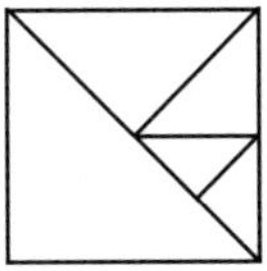

A

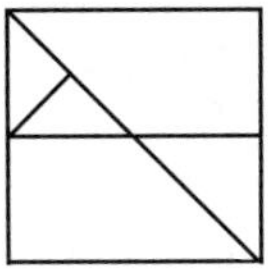

B

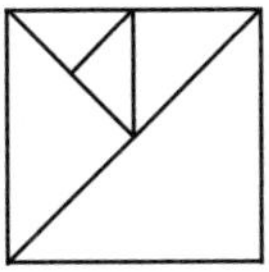

C

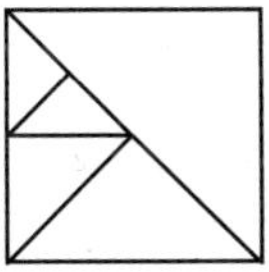

D

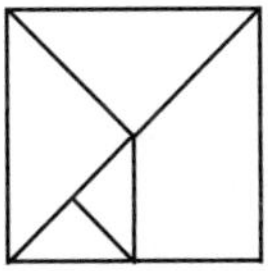

E

11

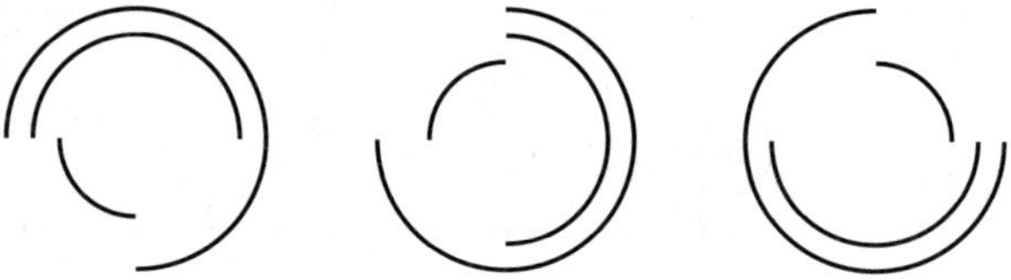

?

Devinez la suite…

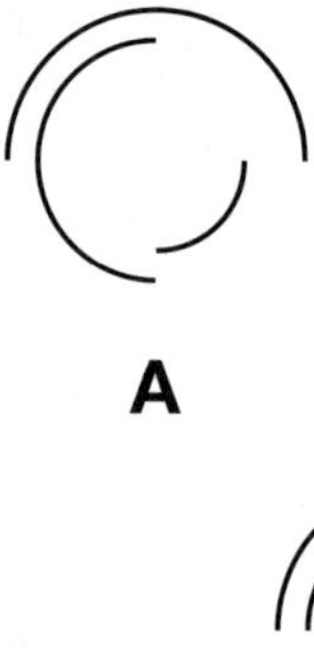

A

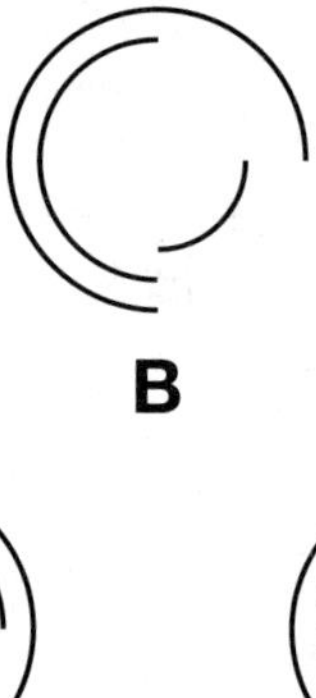

B

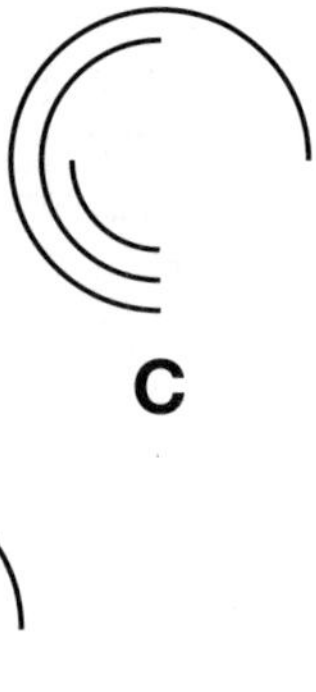

C

D

E

12

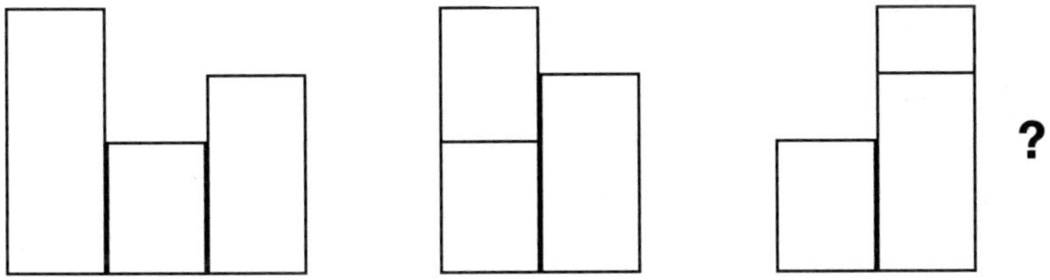

Devinez la suite…

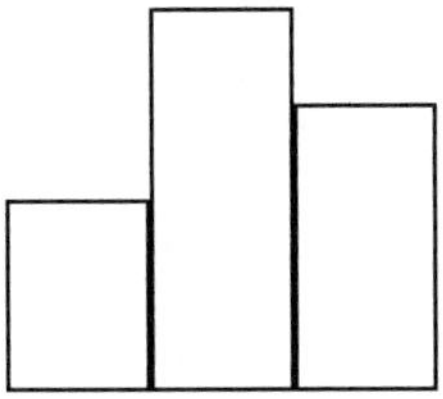

A

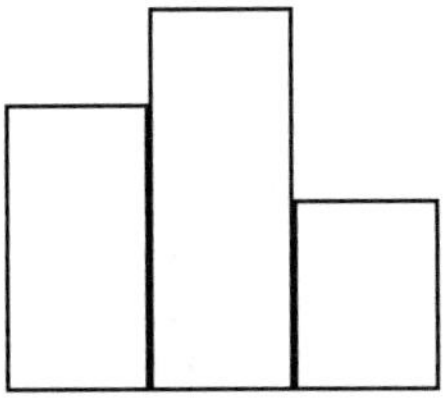

B

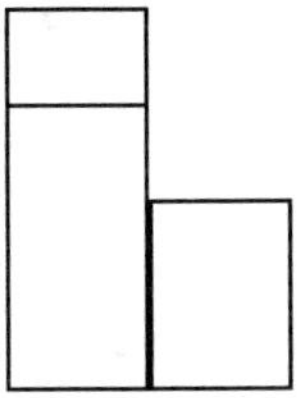

C

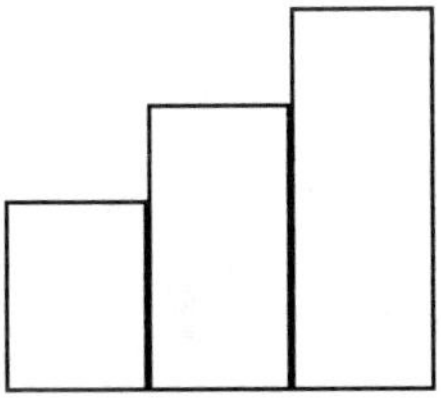

D

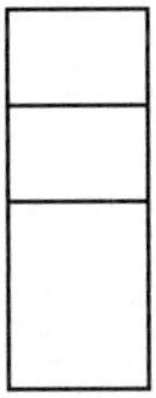

E

13

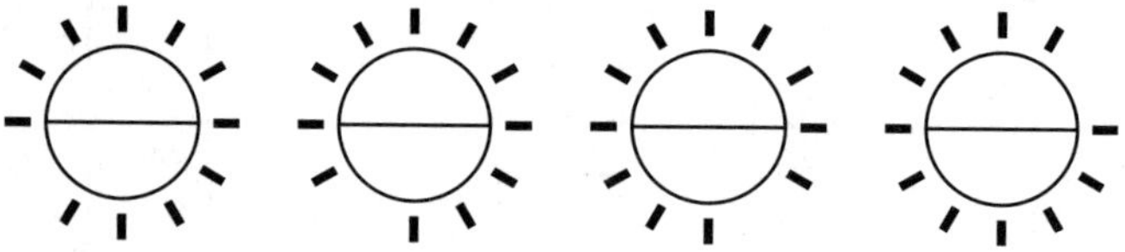

?

Devinez la suite...

A

B

C

D

E

14

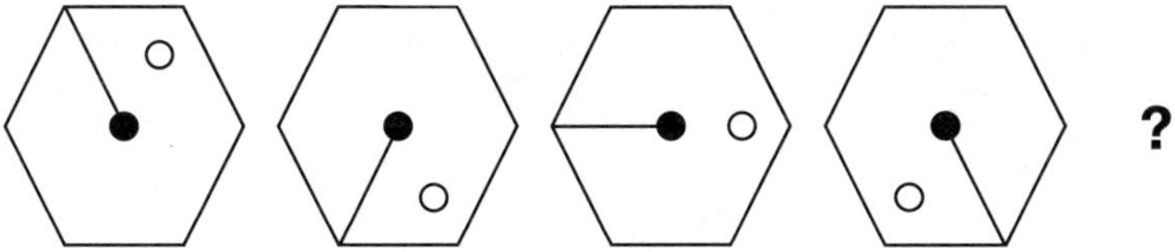

Devinez la suite...

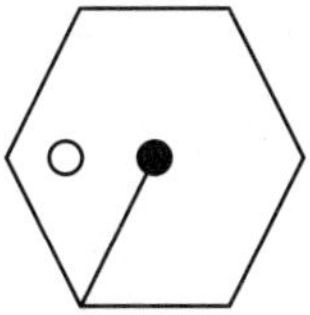

A

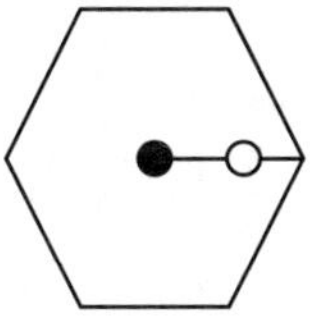

B

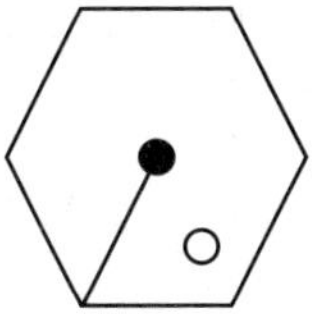

C

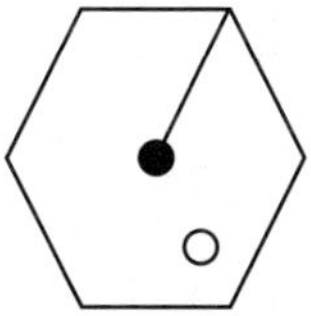

D

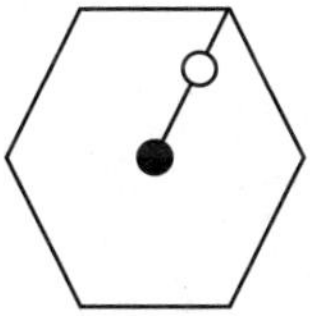

E

Hémisphère gauche

Suites logiques 2

Trouvez le dessin manquant en respectant la logique du tableau.

Solutions p. 116

Exemple

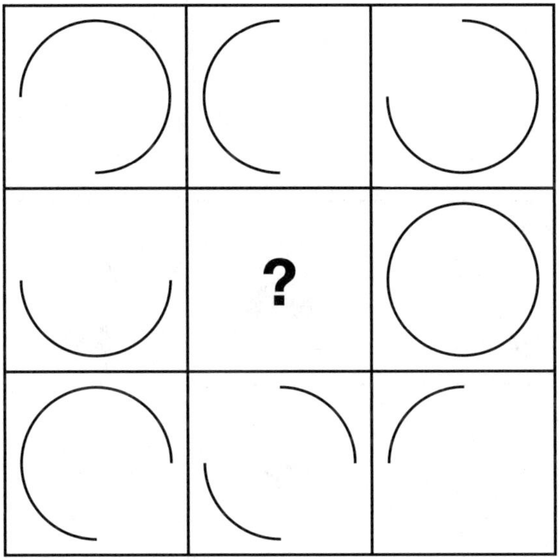

Solution

Pour chaque ligne et chaque colonne, la troisième case associe le contenu des deux premières sauf quand leurs courbes sont dans la même position. Dans ce dernier cas, les courbes s'annulent.

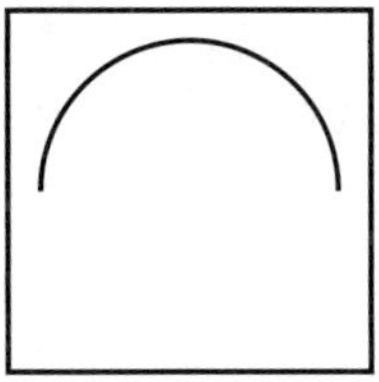

1

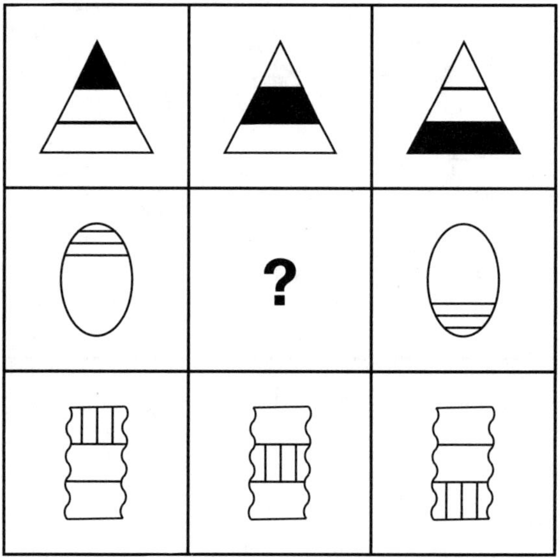

2

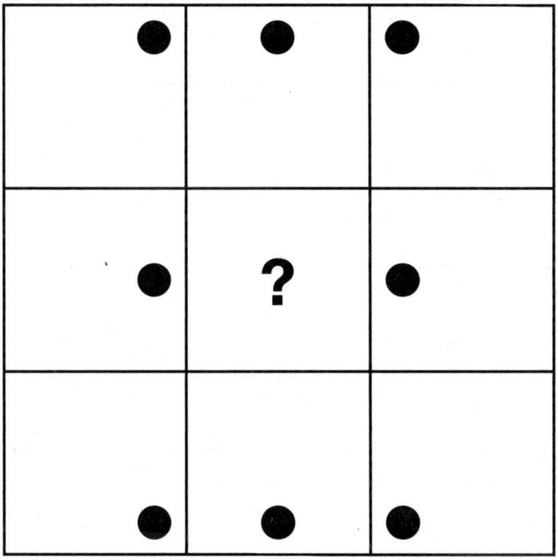

3

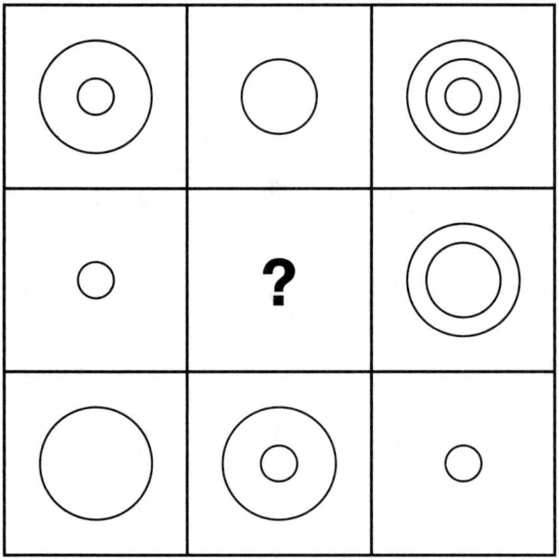

4

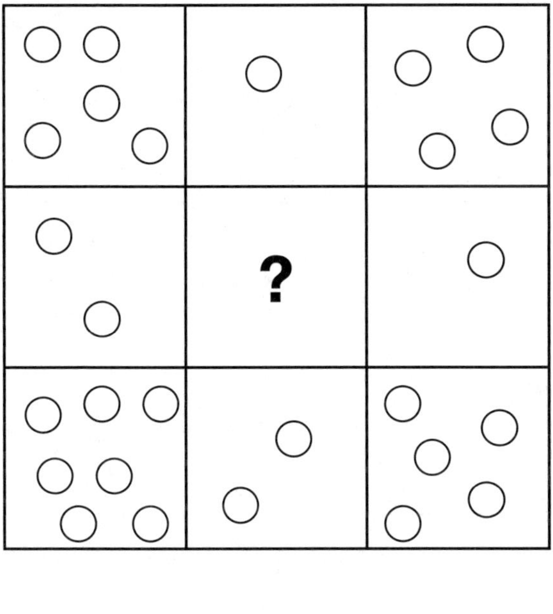

5

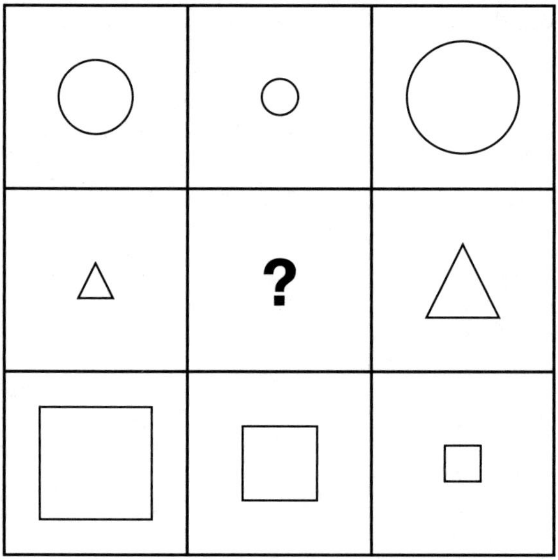

6

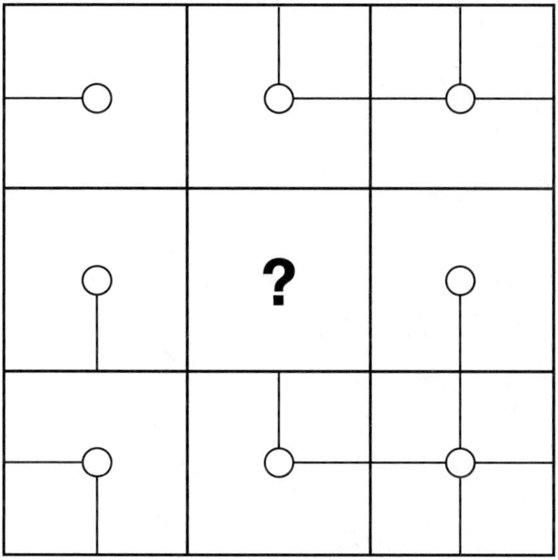

7

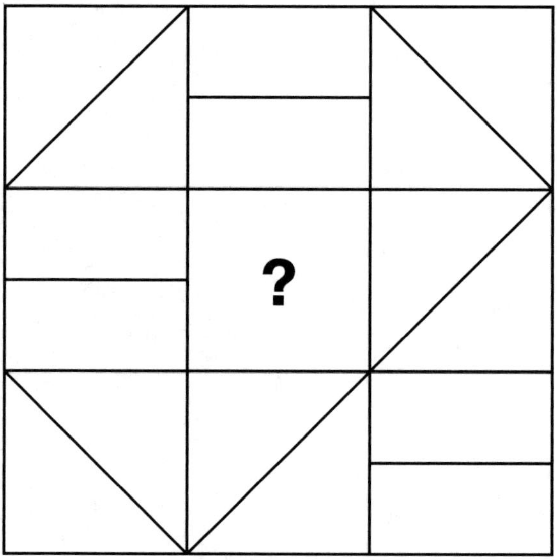

8

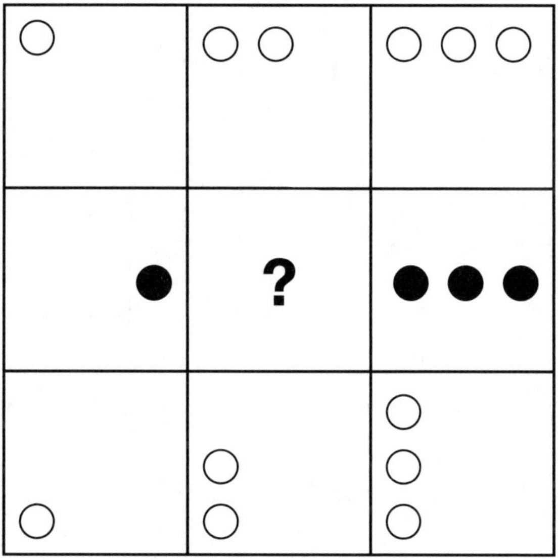

9

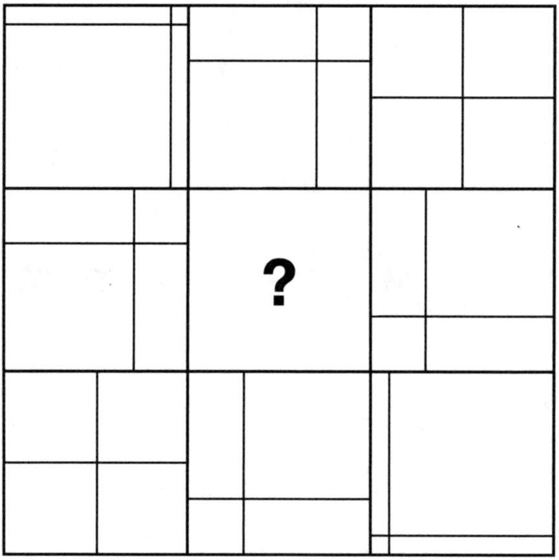

10

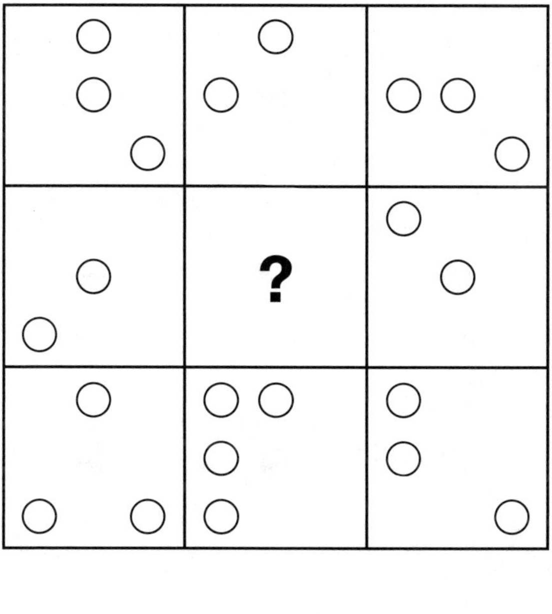

11

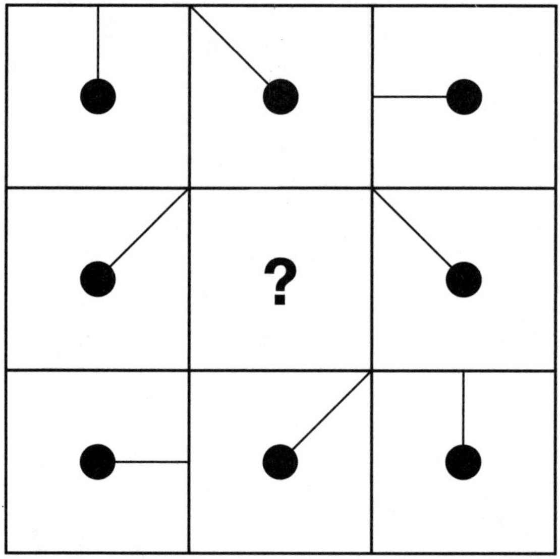

Hémisphère gauche
Puzzles en L

Imbriquez dans la grille les formes en L contenant un cercle blanc. Chaque forme est utilisée trois fois, dans un sens ou dans l'autre. Une même forme ne peut être répétée côte à côte, même aux extrémités de la grille.

Solutions p. 119

Exemple

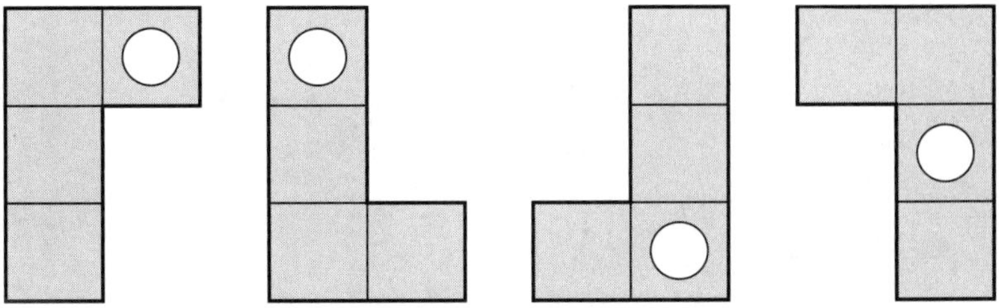

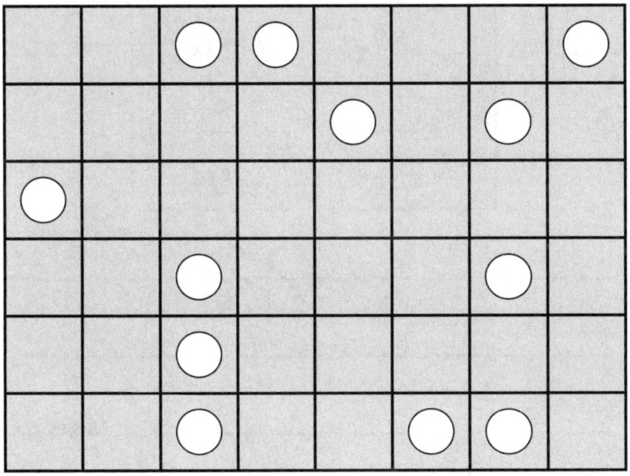

Solution

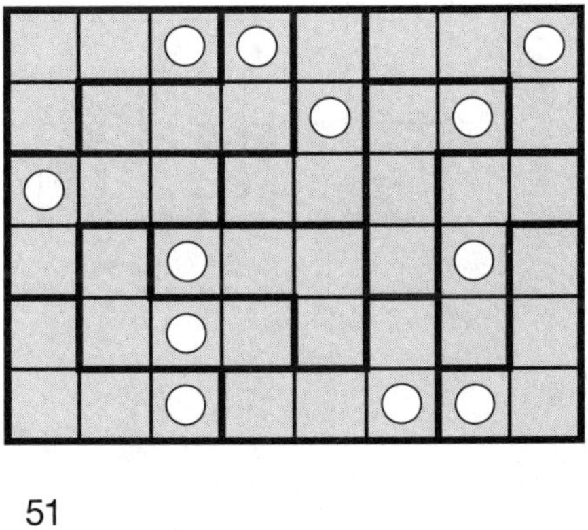

1

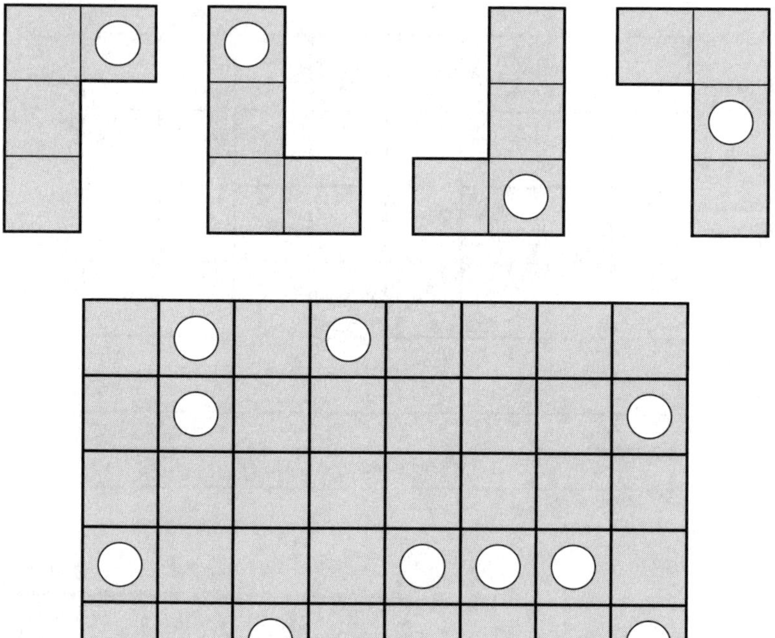

2

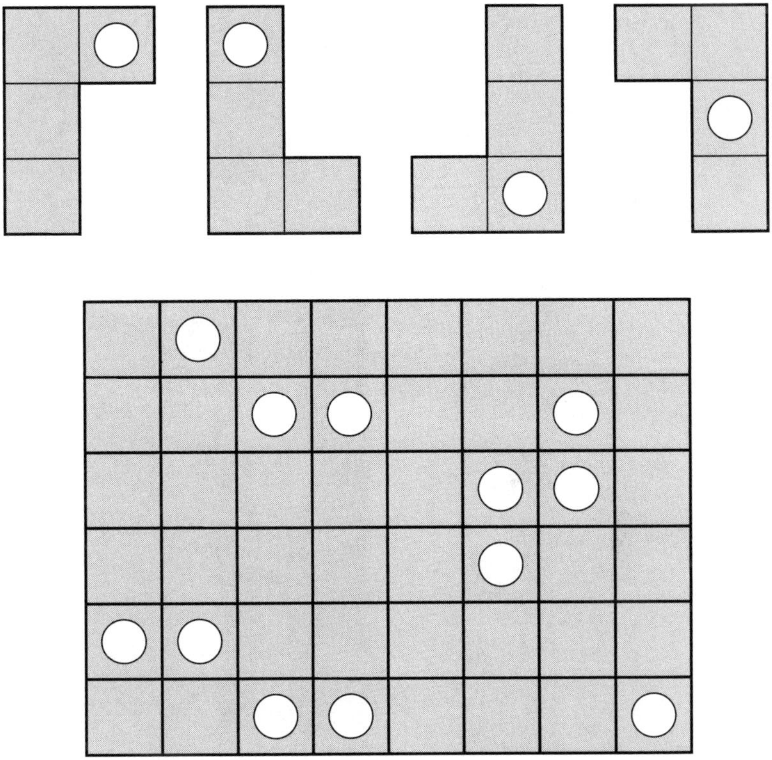

3

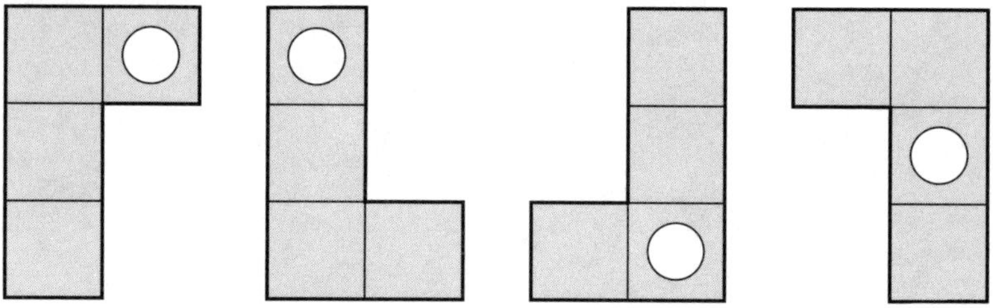

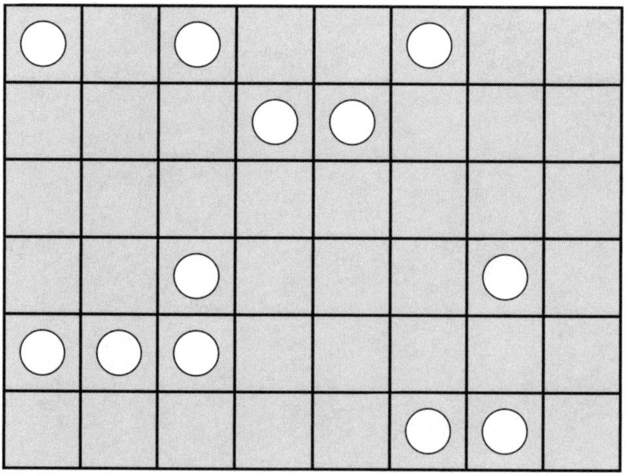

4

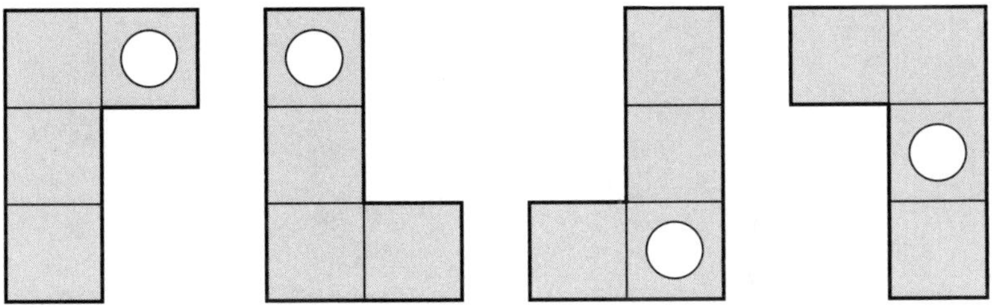

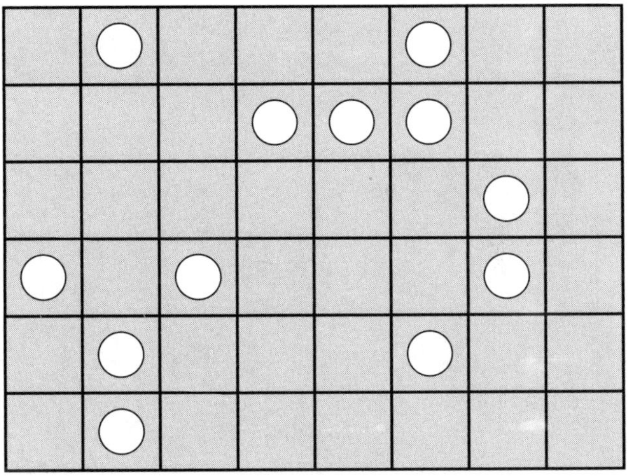

5

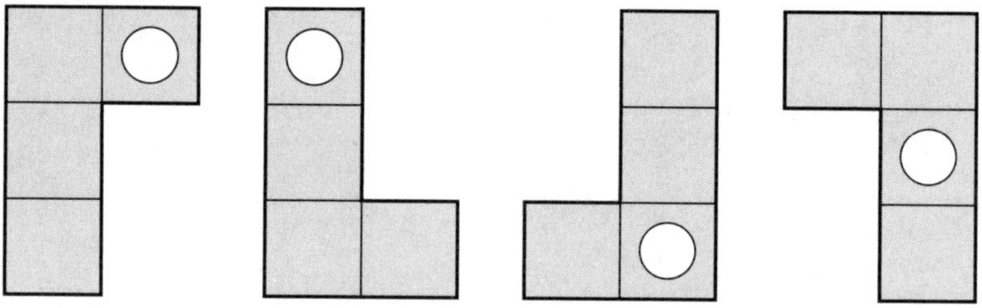

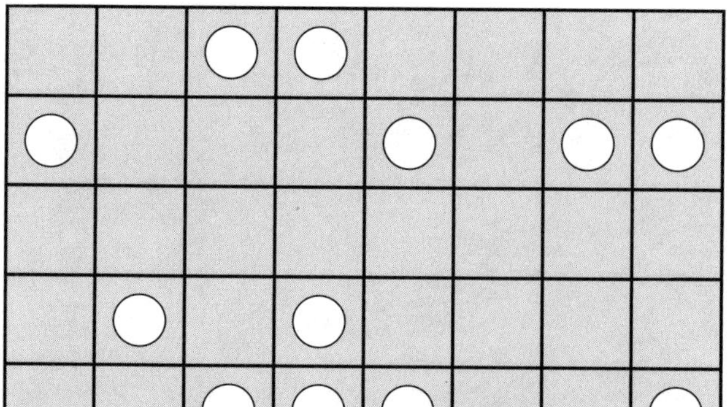

6

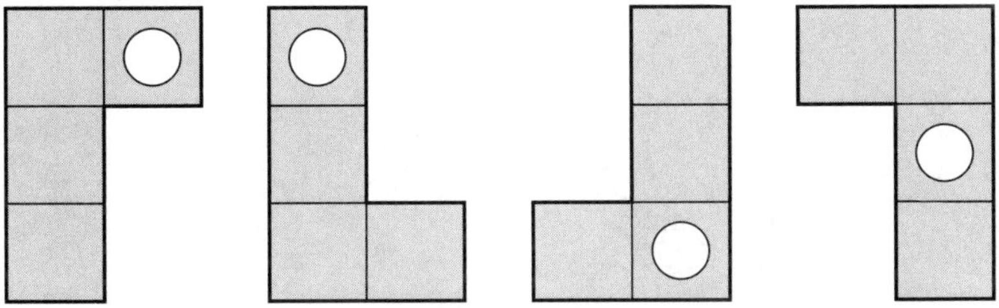

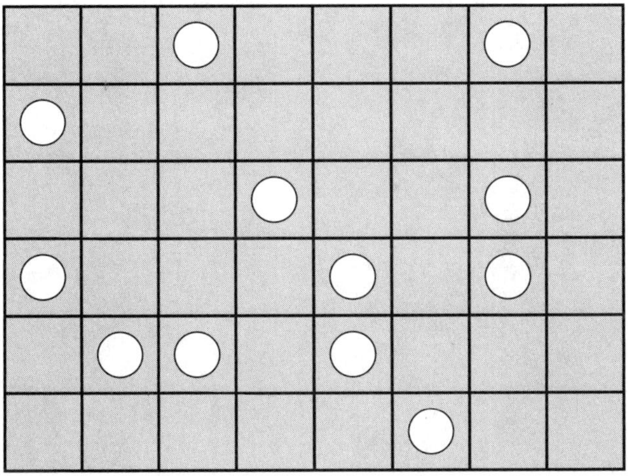

7

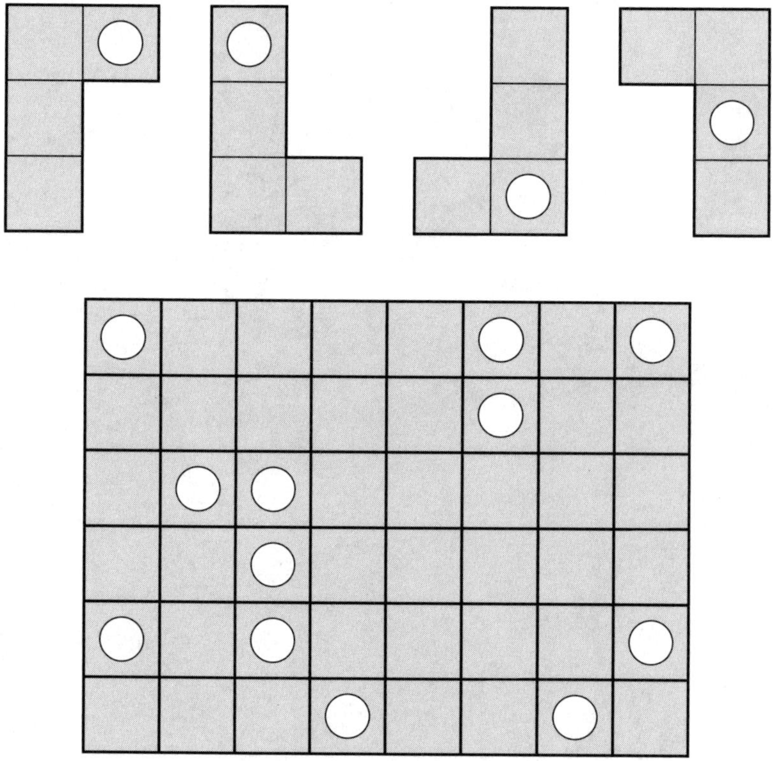

8

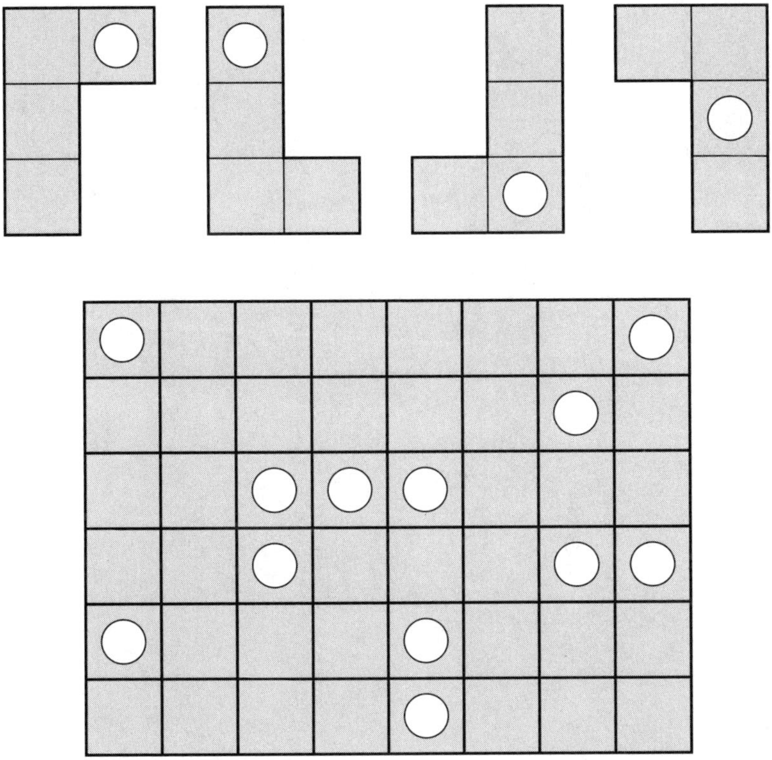

9

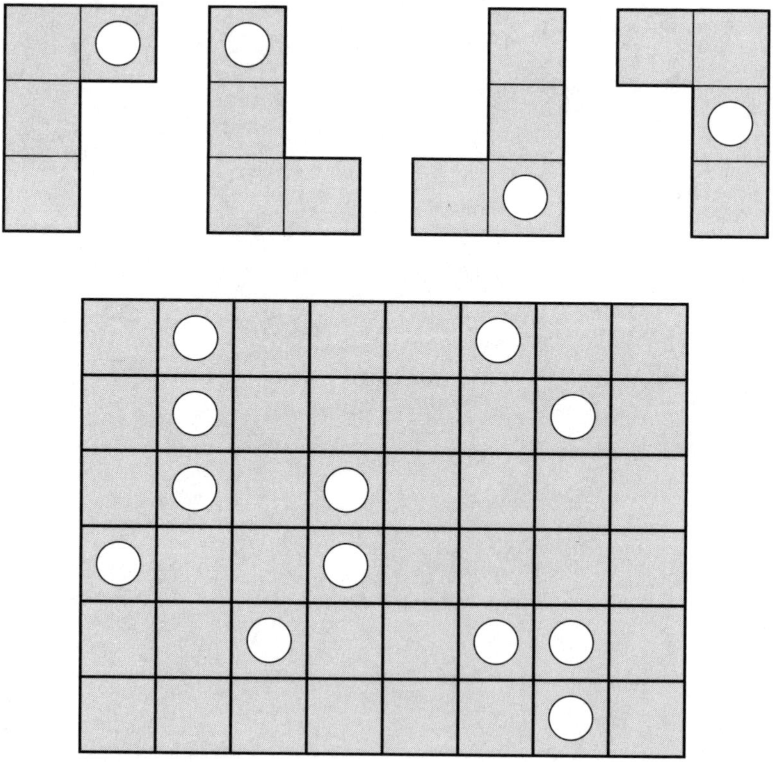

10

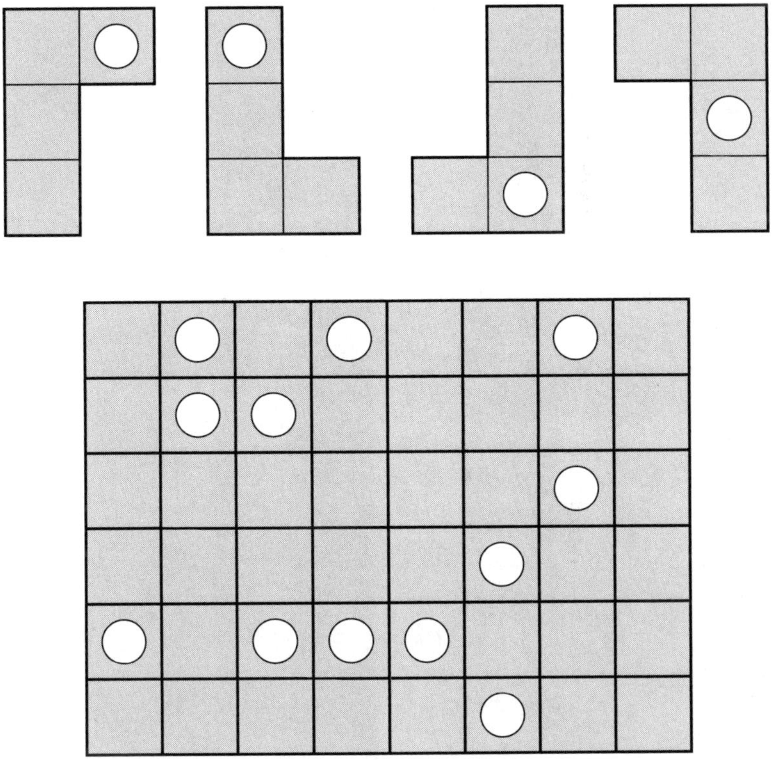

11

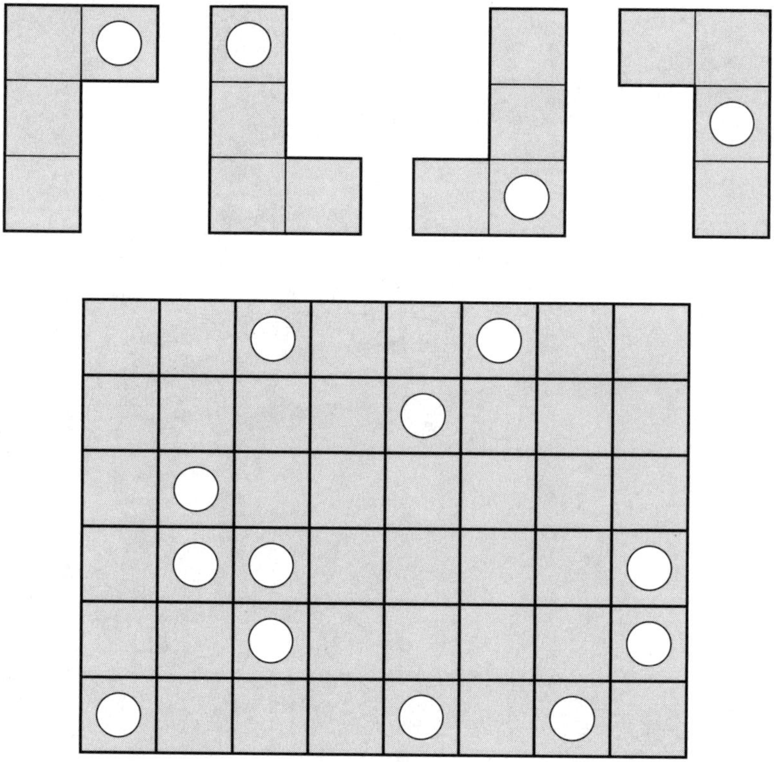

Hémisphères droit et gauche

Mémorisez

Regardez les suites pendant le temps imparti, puis tournez la page et identifiez les différences.

Exemple

Regardez les deux suites pendant 1 minute.

@ ♀ $ ▶

◀ # √ ☼

Quels sont les deux symboles qui ont changé de place ?

@ ($ ♀) ▶

◀ # √ ☼

1

Regardez la suite pendant 1 minute, puis tournez la page.

→ ↕ ↑ → ↔

2

Regardez les symboles pendant 1 minute, puis tournez la page.

♦ ♫ ☺

♣ @ #

☼ & ╩

Π ↨ Ω

Parmi ces quatre suites, laquelle est la bonne ?

← ↑ ↔ ↑ →

↑ ↓ ↔ ↑ →

→ ↕ ↓ ← ↔

→ ↕ ↑ → ↔

Quel est le symbole qui a été ajouté ?

♦ ♫ ☺

♣ @ # ☼

& ⫫ ∏

Δ ↨ Ω

3

Regardez le tableau pendant 1 minute, puis tournez la page.

	ϐ		#
	§		♀
☺		╬	▼
	♪		

4

Regardez les suites pendant 1 minute, puis tournez la page.

1 9 4 3 9

3 9 3 7 1

2 9 7 3 2

i) Quels sont les deux symboles qui ont changé de place ?
ii) Quel nouveau symbole a été introduit ?
iii) Quel symbole a été supprimé ?

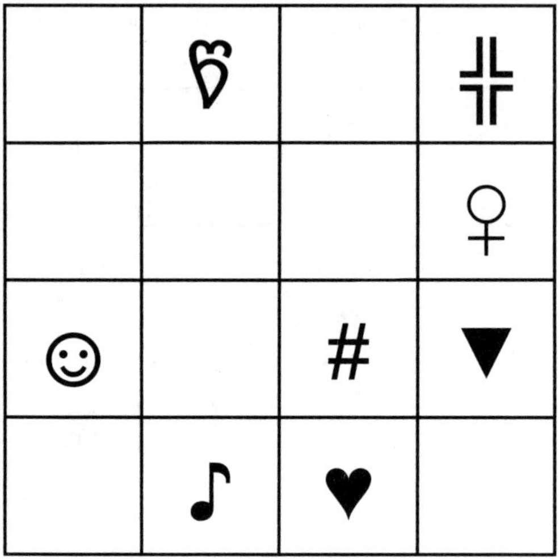

i) Quel sont les premier et dernier chiffres de la suite globale ?
ii) Quel chiffre apparaît deux fois dans la première suite ?
iii) Quel chiffre apparaît au début et au milieu
de la deuxième suite ?

5

Regardez le tableau pendant 1 minute, puis tournez la page.

O	O	X
X	O	X
X	X	O

6

Regardez la suite pendant 1 minute, puis tournez la page.

♣ & ╩ ♫ ♦ ◄ & Δ ╬

Lequel avez-vous vu ?

X	X	O
X	O	X
O	X	X

O	O	X
X	O	X
O	X	X

O	X	O
O	X	X
X	X	O

X	O	X
X	X	O
O	O	X

O	O	X
X	O	X
X	X	O

O	X	O
X	O	X
O	O	X

Laquelle avez-vous vue ?

a.

♣ & ♫ ♦ ╩ ◀ & Δ ╬

b.

♣ ╩ & ♫ ♦ & ◀ Δ ╬

c.

♣ & ╩ ♫ ♦ ◀ & Δ ╬

d.

♣ & ╩ ♦ ◀ ♫ & Δ ╬

e.

♣ ╩ ♫ & ♦ & ◀ Δ ╬

7

Regardez la séquence pendant 1 minute, puis tournez la page.

4 6 3 1 0 1 6 4 9 7 6 2 1 6 4 3 2

8

Regardez le tableau pendant 1 minute, puis tournez la page.

±	#	¥
ß	€	Œ
§	m	+

Retrouvez, parmi ces propositions, le trio de chiffres qui se répète dans la séquence.

364

976

953

164

497

Quels sont les deux symboles qui ont changé de place ?

±	#	€
ß	¥	Œ
§	m	+

9

Regardez la suite pendant 1 minute, puis tournez la page.

╩ ╣ ╟ ╬ ╦ ╙ ╞ ┼ ║

10

Regardez le tableau pendant 2 minutes, puis tournez la page.

4					
	3	★			E
			?		5
			6		
9	+	2			
				1	

Retrouvez les deux groupes de trois symboles présents dans la séquence initiale.

a.

b.

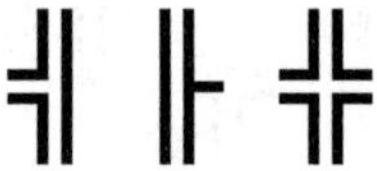

c.

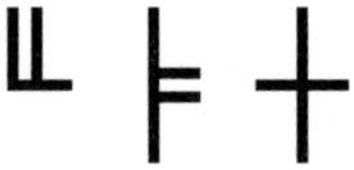

d.

e.

i) Quel symbole est à la droite du 3 ?
ii) Quel est le total de l'addition ?
iii) Quel nombre est en haut à gauche du tableau ?
iv) Quel nombre est en dessous du point d'interrogation ?
v) Quel nombre est en dessous du E ?
vi) Quel est le nombre de la dernière ligne du tableau ?

11

Regardez cette suite pendant 10 secondes, puis tournez la page.

9845

12

Regardez les symboles pendant 1 minute, puis tournez la page.

╬	♠	♫
#	=	V
%	+	#

Retrouvez la suite dans le sens inverse.

4 5 6 9

5 4 8 9

9 5 4 6

5 8 4 9

i) Quelle est la seule lettre présente parmi ces symboles ?
ii) Quel est le symbole qui apparaît deux fois ?
iii) Quel est l'avant-dernier symbole ?

13

Regardez le tableau pendant 10 secondes, puis tournez la page.

¥	¢
$	£

14

Regardez la liste pendant 1 minute, puis tournez la page.

A R P L U J N

Lequel avez-vous vu ?

¥	¢
£	$

¥	$
£	¢

$	¢
£	¥

¥	¢
$	£

$	£
¥	¢

Retrouvez, parmi ces propositions, la deuxième, la troisième et la sixième lettre de la suite.

R L J

P L J

R P U

R P J

R L U

P L U

15

Regardez le tableau pendant 5 minutes, puis tournez la page.

		☺	U
£	A		
		P	#
E	?		
		♣	9
7	♫		
		D	◀

Replacez dans les bonnes cases les lettres, les nombres et les symboles ci-dessous.

♣ 7 ♫ ☺ D £ E #

Hémisphère droit

Trouvez l'intrus

Repérez la figure qui diffère des autres.

Solutions p. 121

Exemple

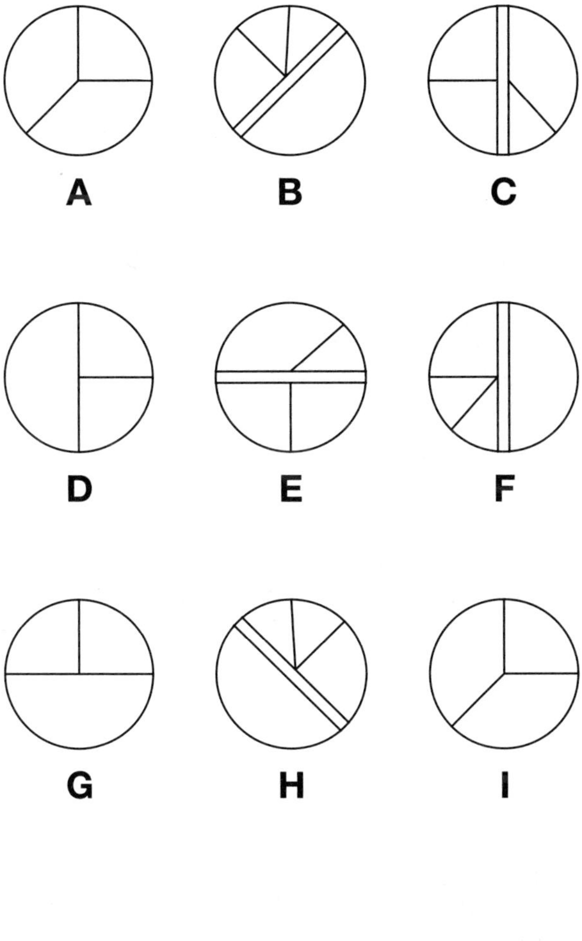

Solution

B – D et G sont les mêmes figures mais retournées, comme C et E, H et F, A et I.

1

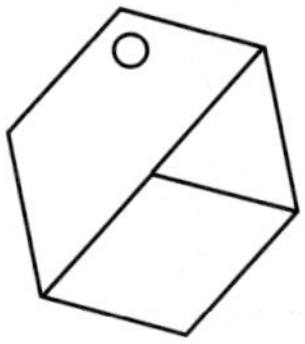

A

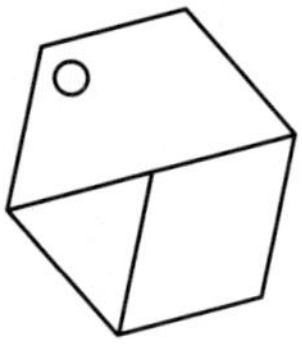

B

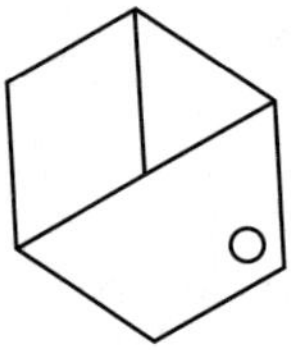

C

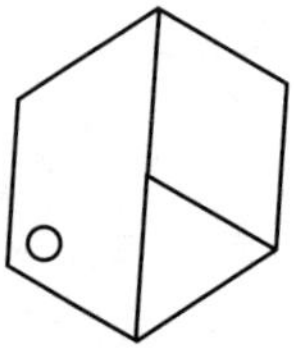

D

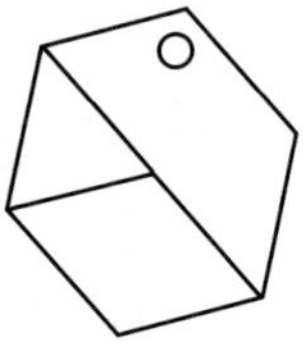

E

2

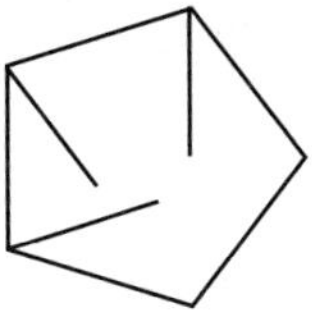

A

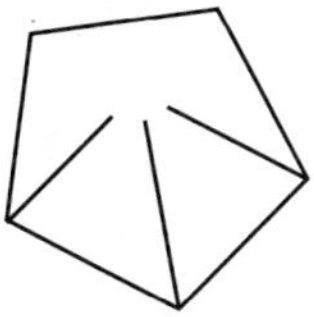

B

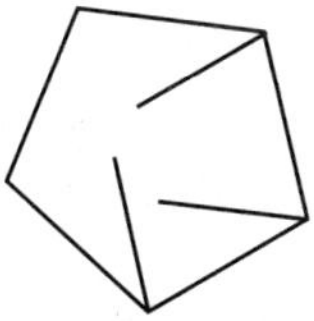

C

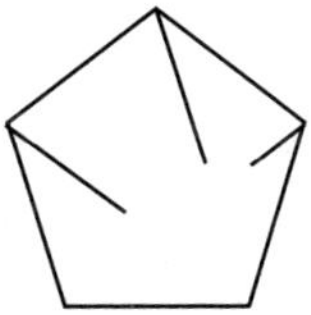

D

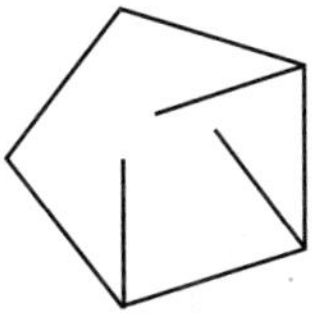

E

3

A

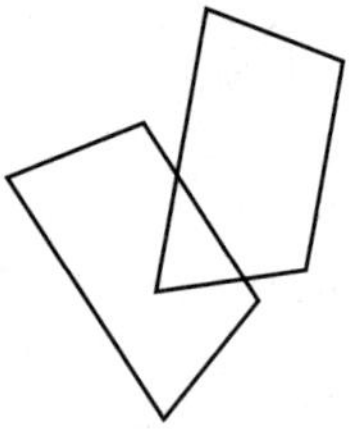

B

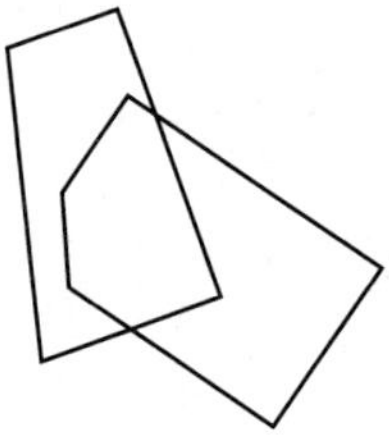

C

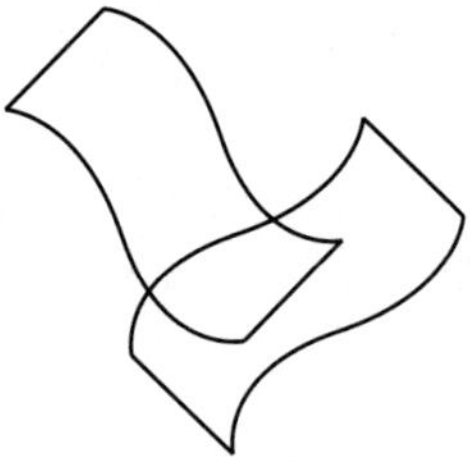

D

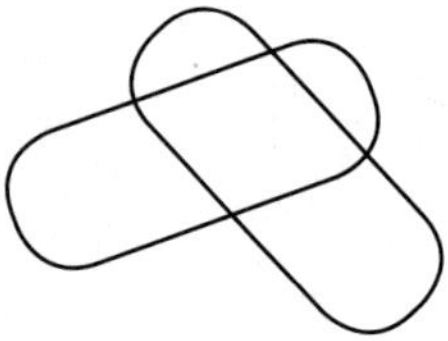

E

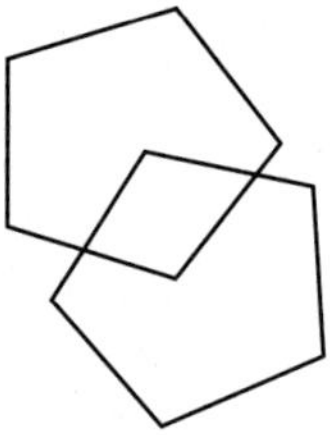

F

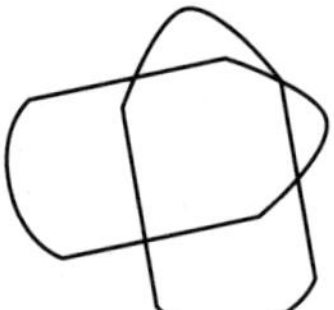

G

4

A

B

C

D

5

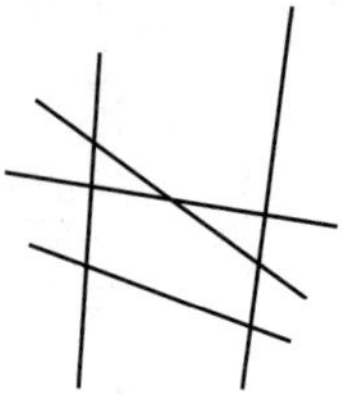

A

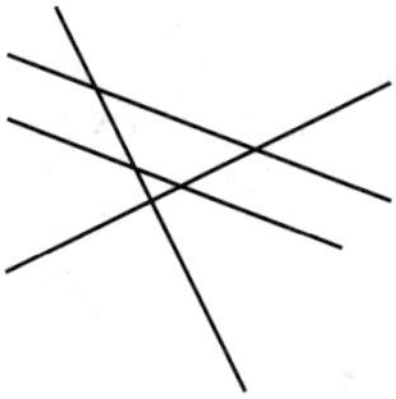

B

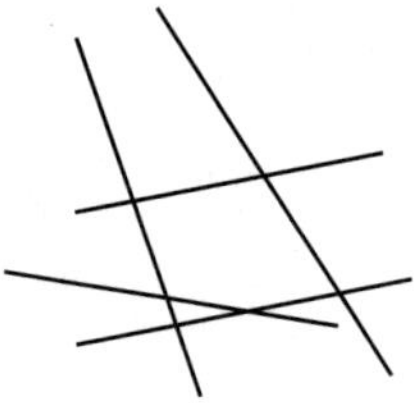

C

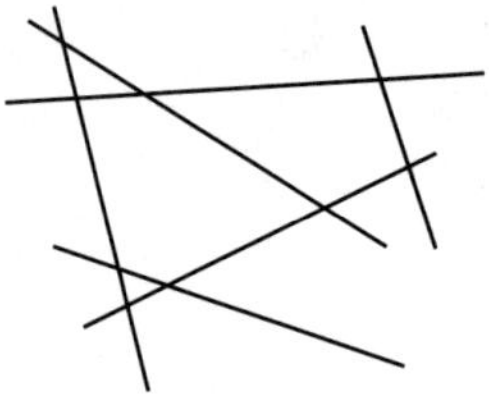

D

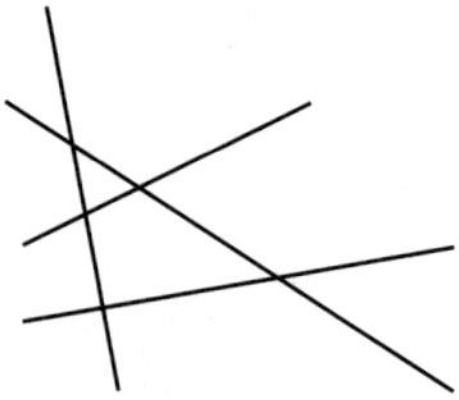

E

6

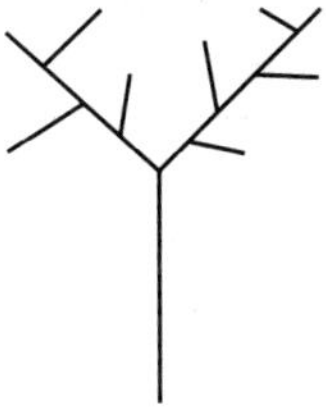

A

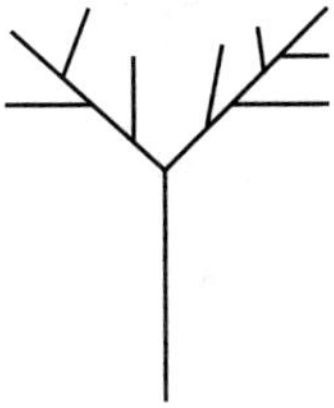

B

C

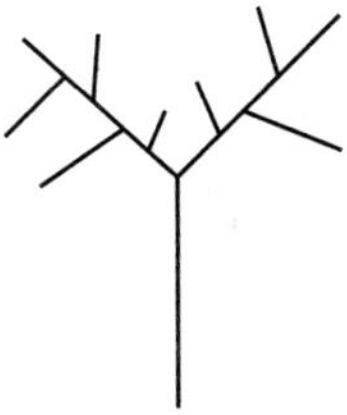

D

7

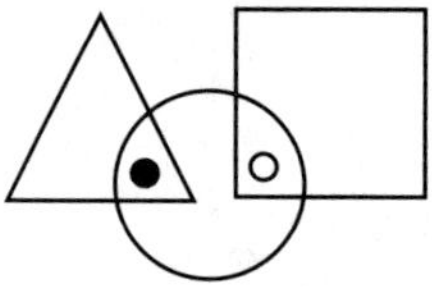

A

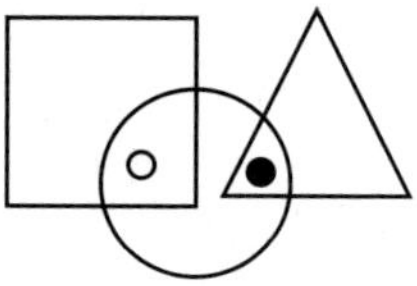

B

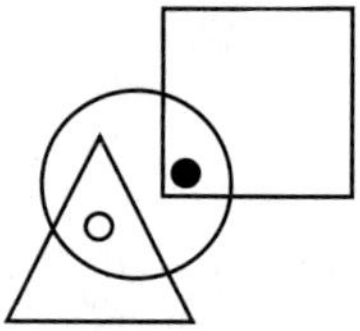

C

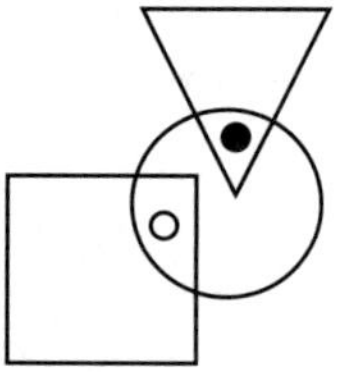

D

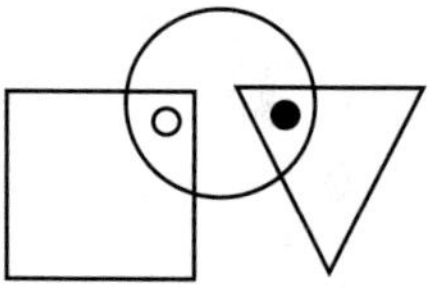

E

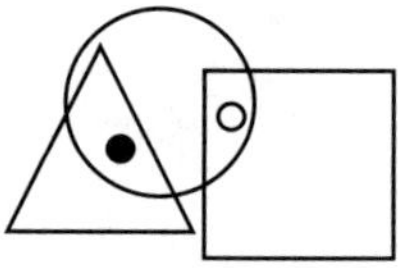

F

8

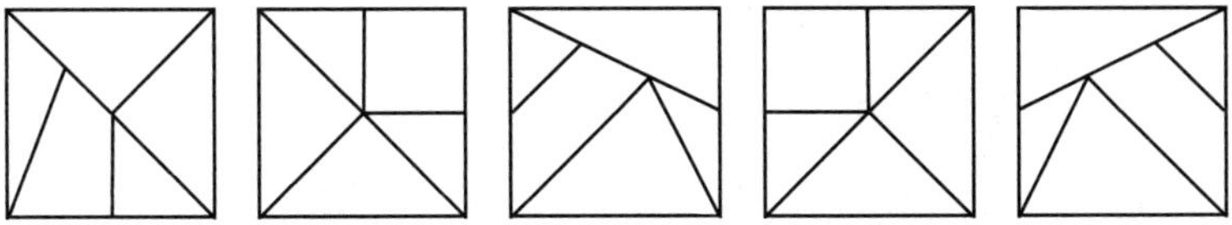

A B C D E

9

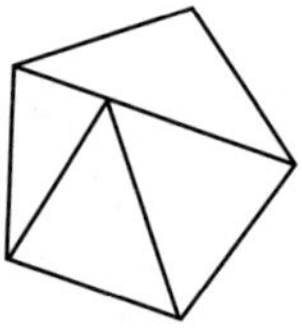

A

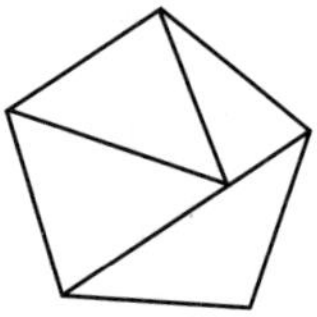

B

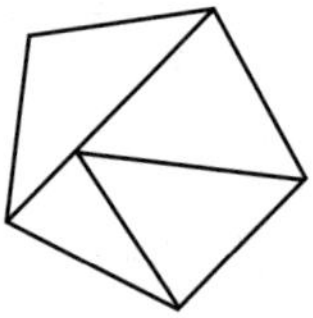

C

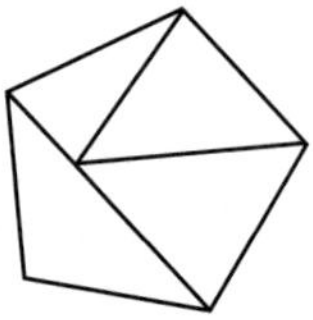

D

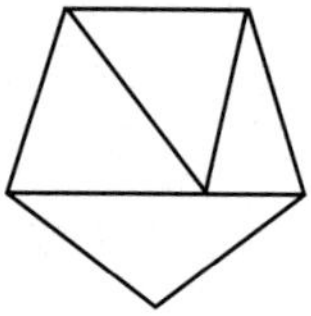

E

10

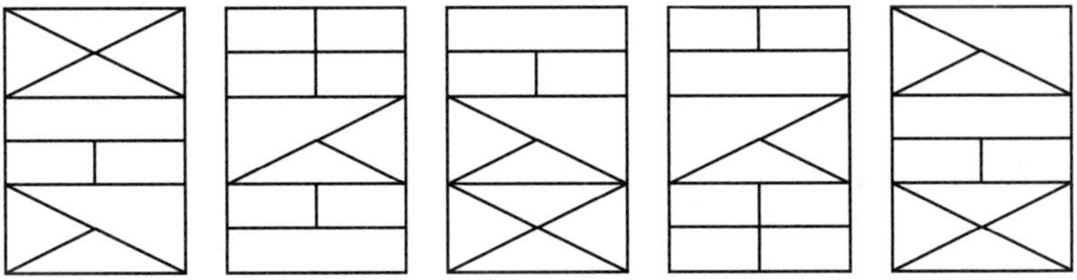

A B C D E

11

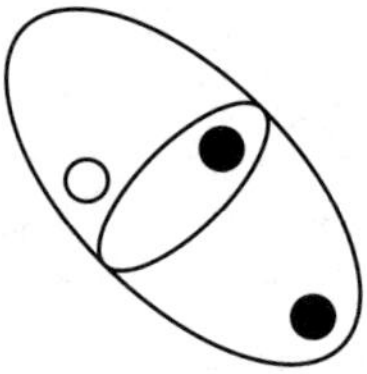

A

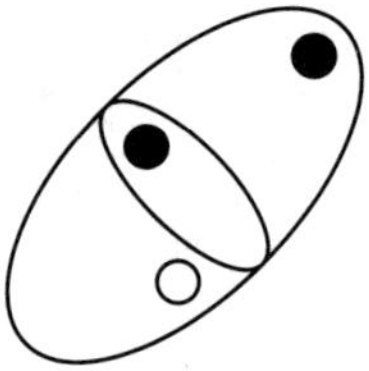

B

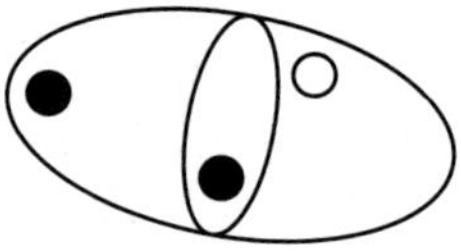

C

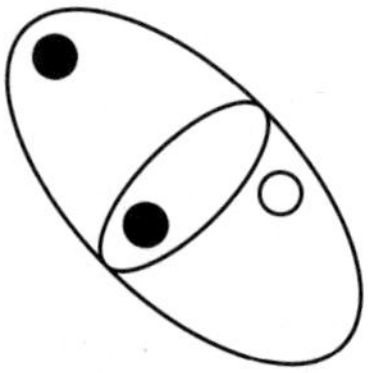

D

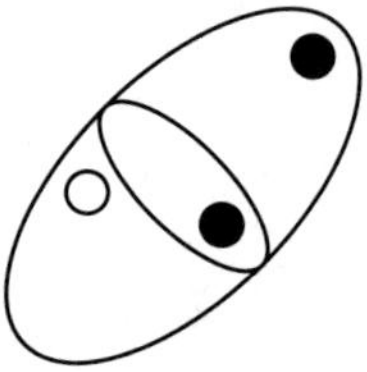

E

12

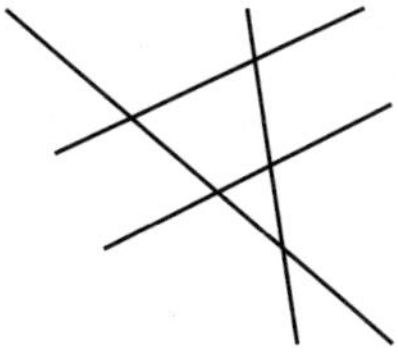

A

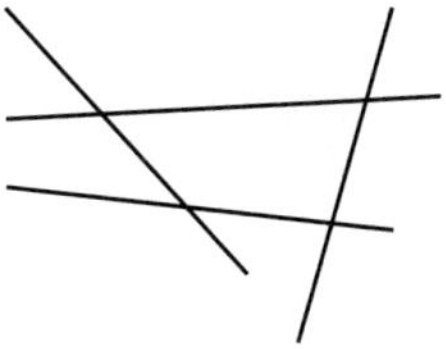

B

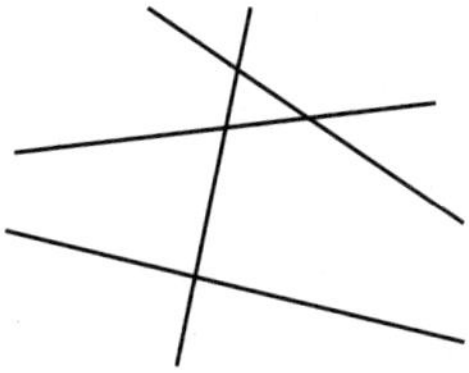

C

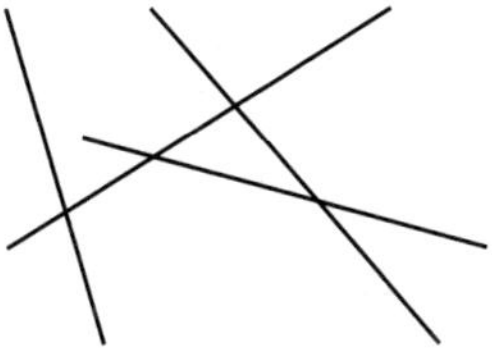

D

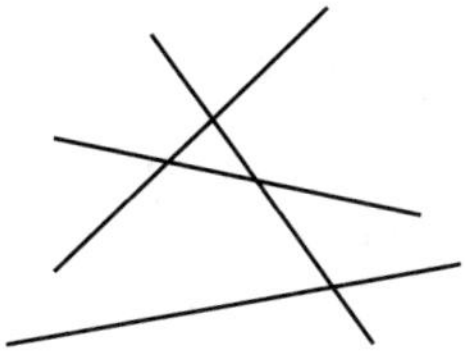

E

13

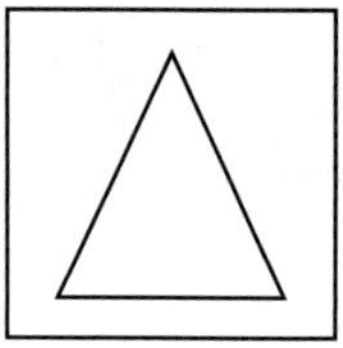

A

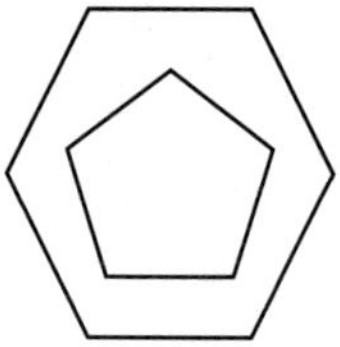

B

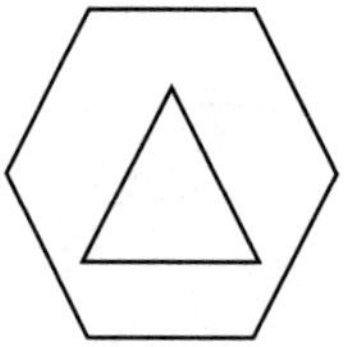

C

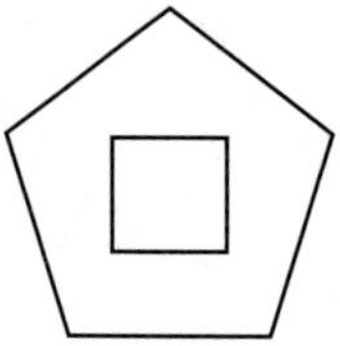

D

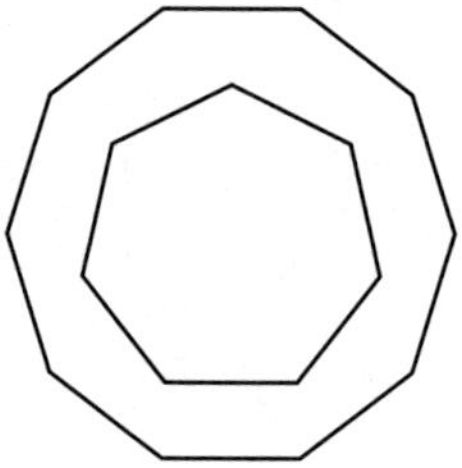

E

14

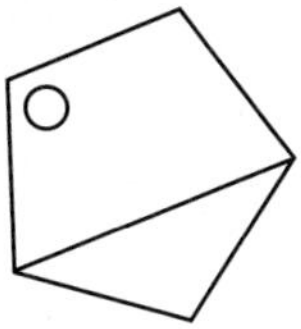

A

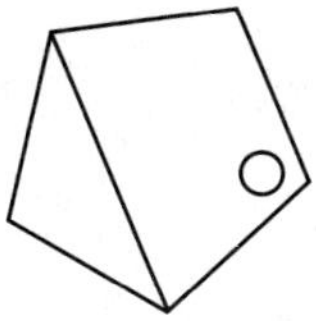

B

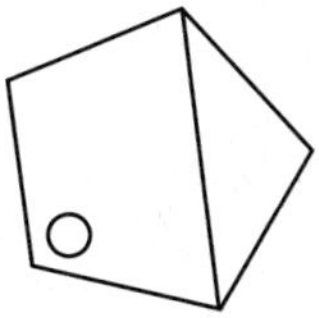

C

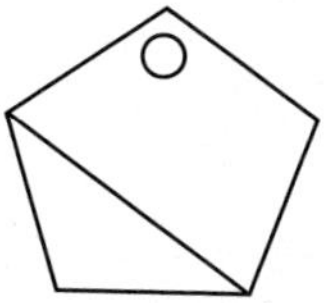

D

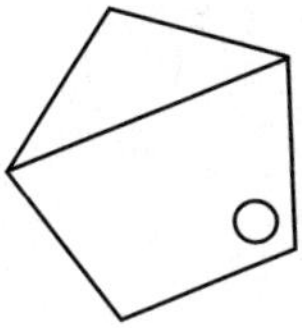

E

Hémisphère gauche
Casse-tête

Placez les 8 blocs de chiffres dans la grille. À l'intérieur d'un bloc, les quatre chiffres peuvent tourner. Deux blocs doivent toujours se toucher par des chiffres identiques (en ligne ou en colonne).

Solutions p. 123

Exemple

3	3
4	2

2	1
2	4

2	3
2	1

4	1
4	3

2	4
4	1

2	1
4	2

3	4
2	3

4	2
4	1

		2	1		
		1	3		

Solution

4	2	2	1	1	2
2	1	1	3	3	2
2	1	1	3	3	2
2	4	4	4	4	3
2	4	4	4	4	3
4	1	1	2	2	3

1

3	2
4	1

1	3
3	4

1	1
3	1

3	4
3	1

3	3
1	3

4	2
2	1

2	3
1	1

1	3
1	4

		2	1		
		4	3		

2

2	3
3	1

3	2
2	1

4	1
1	3

2	1
3	3

2	2
4	3

1	2
3	2

4	1
4	2

4	4
4	1

		4	3		
		1	3		

3

4	1
3	4

3	2
4	2

1	2
3	1

2	3
4	4

2	4
1	3

3	3
1	4

3	4
2	3

4	2
4	1

4	1				
2	2				

4

1	3
2	1

4	1
4	1

2	3
2	1

4	1
2	2

1	3
4	3

1	1
2	4

4	2
3	4

3	3
3	3

3	3				
1	2				

5

2	4
1	3

3	2
2	4

3	4
1	4

1	2
2	3

4	4
3	2

2	1
3	1

4	2
4	1

4	1
2	4

				3	1
				1	4

6

1	2
4	4

4	2
1	2

4	2
2	3

4	1
1	2

1	3
2	2

3	2
4	4

2	3
2	2

3	3
2	1

3	4				
1	2				

7

3	3
4	2

2	2
4	2

1	3
3	1

3	4
2	2

2	2
3	3

3	1
3	2

3	4
3	1

1	3
3	2

1	2				
3	1				

8

2	3
1	2

4	4
2	3

4	4
2	1

4	3
1	1

3	4
4	3

4	1
3	2

3	2
1	2

4	2
3	2

				1	1
				4	1

9

3	4
4	1

3	4
1	1

3	2
3	4

2	1
4	1

4	2
2	3

4	4
3	3

4	2
3	4

1	4
4	2

1	4				
2	4				

10

2	4
3	3

1	2
3	2

3	1
1	4

4	1
3	2

1	2
4	1

3	2
3	1

1	2
2	1

1	3
3	2

				4	3
				1	1

Solutions

Suites logiques 1

Solution 1

C – Trois sortes de flèches se répètent. Leur déplacement est de 45° dans le sens des aiguilles d'une montre. Des flèches rayées et blanches alternent.

Solution 2

A – Chaque carré noir monte d'une case. Après avoir atteint le sommet, il repart d'en bas.

Solution 3

La flèche se déplace dans le sens des aiguilles d'une montre, d'abord de 45° puis à chaque étape de 45° de plus.

Solution 4

C – Le cercle noir tourne à 90° dans le sens inverse des aiguilles d'une montre. Le cercle blanc se déplace de 45° dans le sens des aiguilles d'une montre.

Solution 5

E – Les lignes du haut et du bas montent chacune leur tour.

Solution 6

B – Deux cas de figures alternent dans cet exercice. Dans le premier, le pentagone se construit (figures 1, 3 et 5). Dans le second, le pentagone se déconstruit (figures 2 et 4). La suite logique de ces figures est donc un pentagone qui se déconstruit, puis un pentagone qui se construit.

Solution 7

A – Le point noir se déplace dans le sens inverse des aiguilles d'une montre à chaque étape et se trouve alternativement dans le et hors du pentagone. Le point blanc se déplace dans le sens des aiguilles d'une montre et se trouve alternativement dans le et hors du pentagone.

Solution 8

C – Le cercle noir descend d'un symbole à chaque étape. Après son passage, le symbole s'inverse.

Solution 9

B L'inclinaison du dessin alterne entre verticale et oblique. Le remplissage évolue suivant la séquence suivante : traits horizontaux, vide, traits verticaux, etc.

Solution 10

D – On a pris les trois premières figures et on les a répétées en miroir. La dernière figure est donc la D.

Solution 11

B – À chaque étape, la figure effectue une rotation de 90° dans le sens des aiguilles d'une montre.

Solution 12

D – Le grand rectangle se décale de gauche à droite, en se plaçant derrière les autres rectangles.

Solution 13

B – Un rayon manque sur la figure. L'espace ainsi créé se décale dans le sens inverse des aiguilles d'une montre. Le décalage augmente d'un cran à chaque fois.

Solution 14

C – Le rayon se décale de deux crans dans le sens inverse des aiguilles d'une montre, puis d'un cran dans le sens des aiguilles d'une montre et recommence. Le point blanc fait de même, mais à l'inverse.

Suites logiques 2

Solution 1

Chaque rang contient un symbole différent. Les dessins se suivent selon le même schéma de remplissage : haut, milieu, bas.

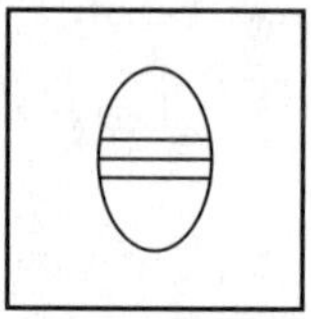

Solution 2

Dans une même ligne, les ronds sont alignés horizontalement. Dans une même colonne, les ronds sont alignés verticalement.

Solution 3

La dernière case de chaque ligne et de chaque colonne est l'addition du contenu des deux premières cases. Quand les cercles sont de taille identique, ils s'annulent.

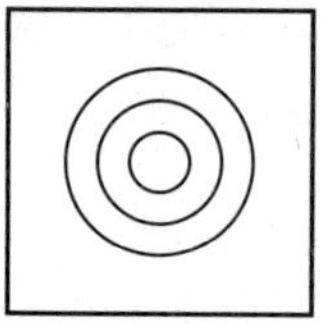

Solution 4

En colonne, on a additionné le nombre de points des deux cases supérieures. En ligne, on a soustrait le nombre de points des deux premières cases.

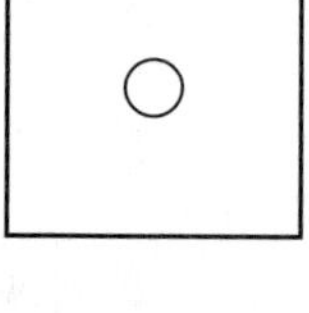

Solution 5

Chaque ligne du tableau doit contenir un seul type de figure géométrique (triangle, carré, cercle). À l'intérieur d'une même ligne, les trois différentes tailles (petit, moyen, grand) doivent apparaître.

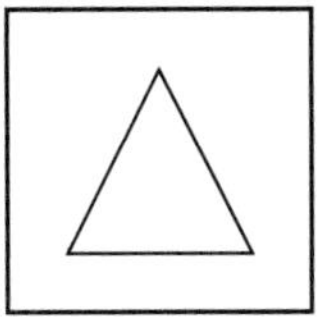

Solution 6

En ligne et en colonne, les deux premières figures s'ajoutent pour former celle de la troisième case.

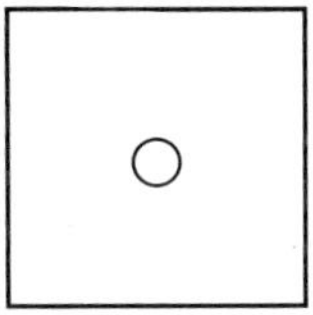

ou

Solution 7

Chaque colonne, ou chaque ligne, contient deux diagonales de sens opposé et une ligne horizontale.

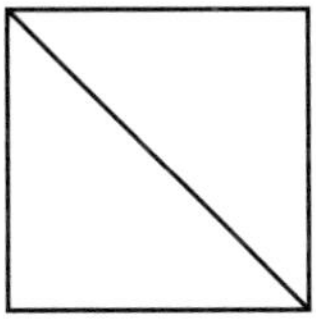

Solution 8

Chaque ligne du tableau contient un, puis deux puis trois ronds.

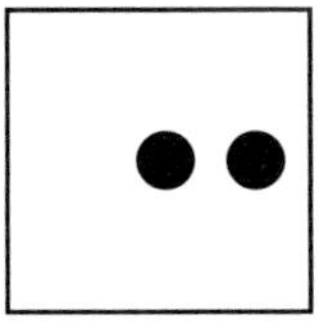

Solution 9

D'une case à l'autre, les traits verticaux se déplacent de droite à gauche et les traits horizontaux de haut en bas.

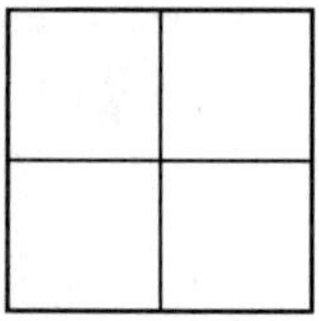

Solution 10

En ligne et en colonne, la troisième case associe le contenu des deux premières sauf quand leurs points sont dans la même position. Dans ce dernier cas, les points s'annulent.

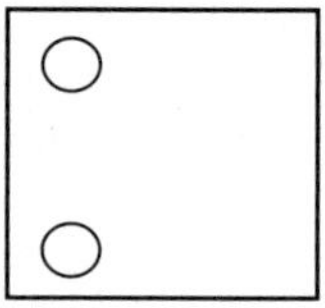

Solution 11

Regardez les cases en ligne : le trait se déplace de 45° dans le sens inverse des aiguilles d'une montre. Regardez les cases en colonne : le trait se déplace de 45° dans le sens des aiguilles d'une montre.

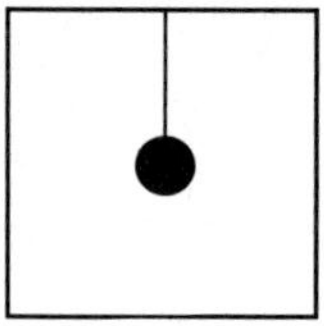

Puzzles en L

Solution 1

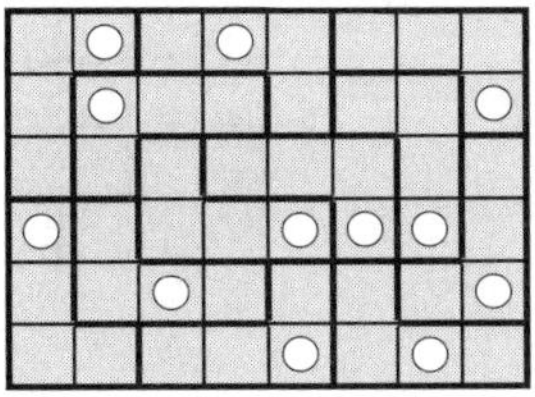

Solution 2

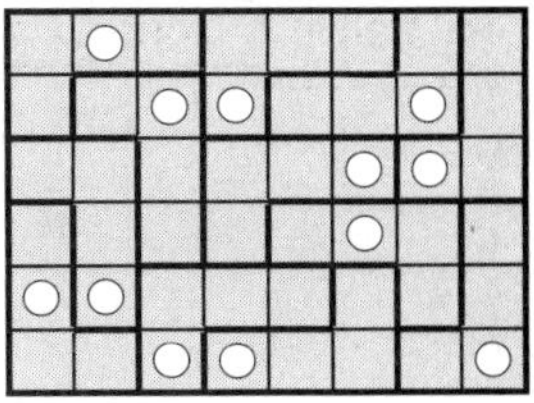

Solution 3

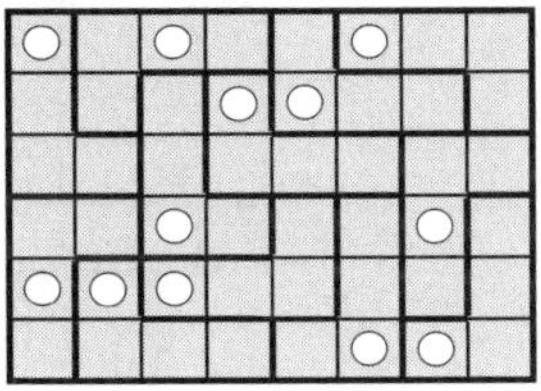

Solution 4

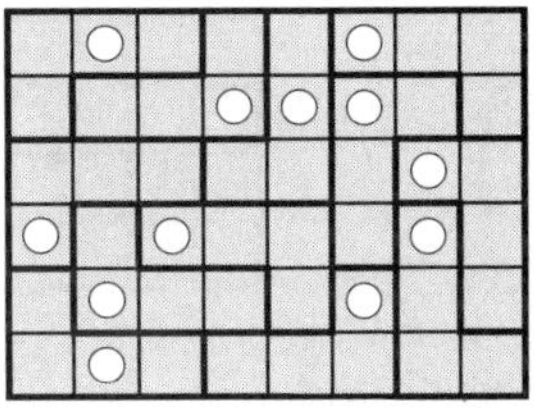

Solution 5

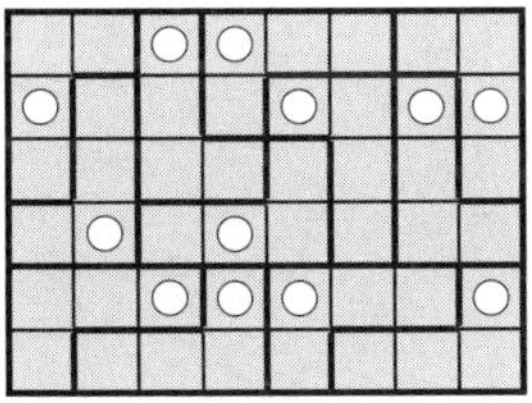

Solution 6

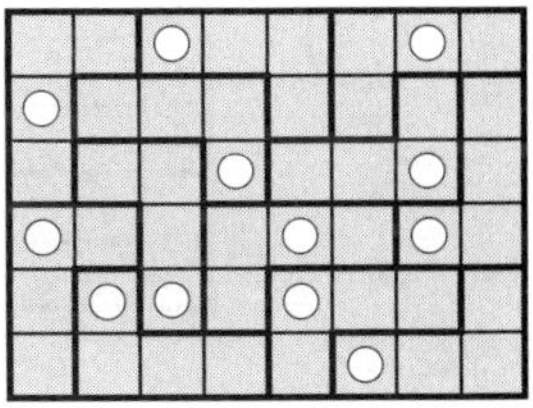

Solution 7

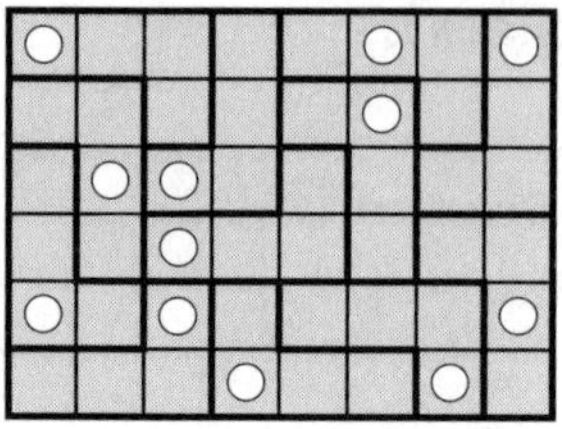

Solution 8

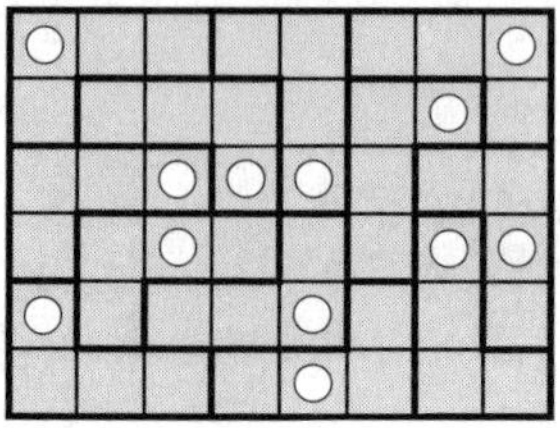

Solution 9

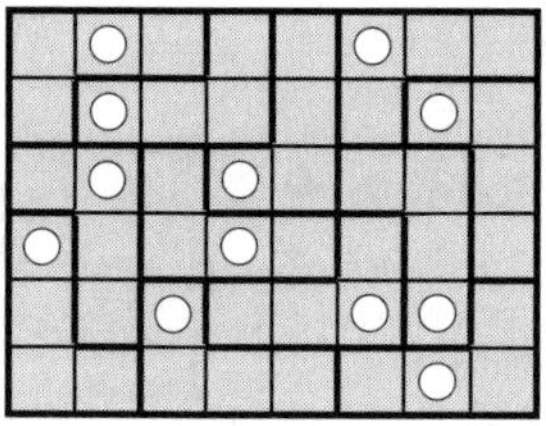

Solution 10

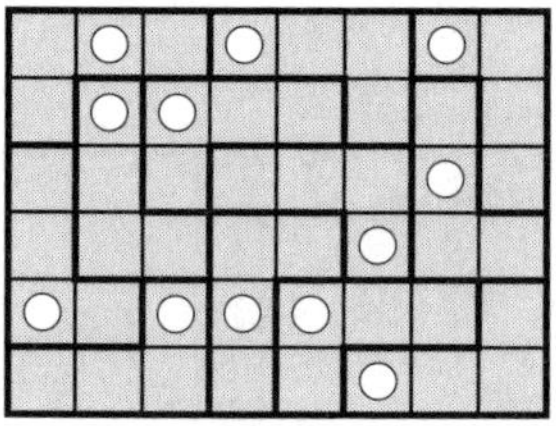

Solution 11

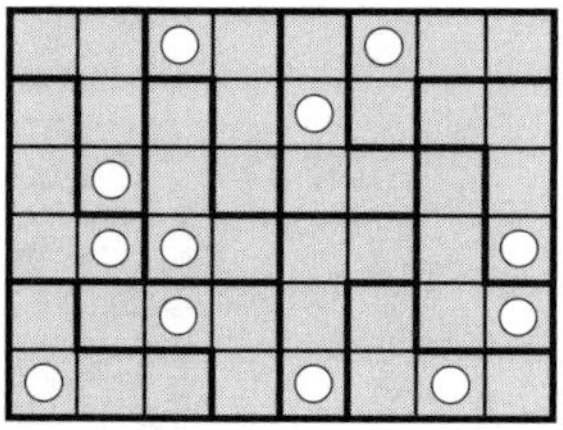

Trouvez l'intrus

Solution 1

A – Les autres figures sont les mêmes mais retournées.

Solution 2

B – Les rayons de cette figure se dirigent tous vers le centre et sont égaux.

Solution 3

C – Toutes les autres paires sont constituées de deux figures ayant la même forme.

Solution 4

C – Dans tous les autres dessins, les symboles sont dans le même ordre. Dans le C, les points (noir et blanc) sont inversés.

Solution 5

D – Cette figure se compose de six traits. B et E comportent quatre traits chacun ; C et A cinq traits.

Solution 6

D – La figure a quatre branches sur le côté gauche et trois sur le droit. Les autres figures ont, à l'inverse, trois branches à gauche et quatre à droite.

Solution 7

C – Dans la figure C, le rond noir est dans le cercle et le carré, tandis que le rond blanc est dans le cercle et le triangle. Dans les autres figures, c'est l'inverse.

Solution 8

A – B est l'image miroir de D ; C est l'image miroir de E.

Solution 9

D – Les autres figures sont les mêmes mais retournées.

Solution 10

C – A est constitué des mêmes blocs que E, mais disposés différemment. Idem pour B et D.

Solution 11

E – Les autres figures sont les mêmes mais retournées.

Solution 12

B – C'est la seule figure dont les lignes ne forment pas de triangle.

Solution 13

D – Le dessin intérieur de la figure D a un nombre pair d'arêtes et le dessin extérieur a un nombre impair d'arêtes. Dans tous les autres dessins, c'est l'inverse.

Solution 14

B – Les autres figures sont identiques mais retournées.

TROUVEZ ★ L'ERREUR

Des jeux pour aiguiser votre mémoire visuelle

Produit complet : Rodesa (Espagne)
ISBN : 978-2-01-230069-9
Dépôt légal : juin 2009
23-33-00697-01

Casse-tête

Solution 1

1	3	3	3	3	4
4	3	3	1	1	1
4	3	3	1	1	1
1	2	2	1	1	3
1	2	2	1	1	3
2	4	4	3	3	4

Solution 2

1	2	2	2	2	1
4	4	4	3	3	2
4	4	4	3	3	2
4	1	1	3	3	1
4	1	1	3	3	1
1	3	3	2	2	2

Solution 3

4	1	1	3	3	3
2	2	2	1	1	4
2	2	2	1	1	4
3	4	4	4	4	3
3	4	4	4	4	3
2	3	3	2	2	1

Solution 4

3	3	3	4	4	4
3	3	3	1	1	1
3	3	3	1	1	1
1	2	2	2	2	4
1	2	2	2	2	4
3	1	1	4	4	3

Solution 5

3	4	4	2	2	1
1	4	4	3	3	1
1	4	4	3	3	1
4	2	2	1	1	4
4	2	2	1	1	4
2	3	3	2	2	4

Solution 6

2	1	1	2	2	3
2	4	4	1	1	3
2	4	4	1	1	3
3	4	4	2	2	2
3	4	4	2	2	2
1	2	2	3	3	2

Solution 7

1	2	2	3	3	2
3	1	1	3	3	4
3	1	1	3	3	4
1	3	3	2	2	2
1	3	3	2	2	2
4	3	3	2	2	4

Solution 8

2	1	1	1	1	1
2	3	3	4	4	1
2	3	3	4	4	1
2	4	4	3	3	2
2	4	4	3	3	2
1	4	4	2	2	1

Solution 10

1	4	4	3	3	2
2	4	4	3	3	4
2	4	4	3	3	4
4	1	1	4	4	2
4	1	1	4	4	2
3	1	1	2	2	3

Solution 11

4	3	3	2	2	1
2	3	3	1	1	2
2	3	3	1	1	2
3	1	1	4	4	3
3	1	1	4	4	3
2	2	2	1	1	1

NOTES

NOTES